虚拟货币及其政策法律规制

冯文刚　叶　茂　车　亮　著

群众出版社
·北京·

图书在版编目（CIP）数据

虚拟货币及其政策法律规制/冯文刚，叶茂，车亮著.—北京：群众出版社，2023.10
ISBN 978-7-5014-6293-3

Ⅰ.①虚… Ⅱ.①冯…②叶…③车… Ⅲ.①电子货币—货币法—研究—中国 Ⅳ.①D922.285.4

中国国家版本馆CIP数据核字（2023）第075257号

虚拟货币及其政策法律规制
冯文刚 叶茂 车亮 著

出版发行	群众出版社
地　　址	北京市丰台区方庄芳星园三区15号楼
邮政编码	100078
经　　销	新华书店
印　　刷	北京画中画印刷有限公司
版　　次	2023年10月第1版
印　　次	2024年5月第3次
印　　张	6.625
开　　本	880毫米×1230毫米　1/32
字　　数	170千字
书　　号	ISBN 978-7-5014-6293-3
定　　价	38.00元
网　　址	www.qzcbs.com
电子邮箱	qzcbs@sohu.com

营销中心电话：010-83903991
读者服务部电话（门市）：010-83903257
警官读者俱乐部电话（网购、邮购）：010-83901775
综合分社电话：010-83901870

本社图书出现印装质量问题，由本社负责退换
版权所有　侵权必究

前　言

在过去几年中，虚拟货币迅速发展，成为热门话题和投资领域的新宠。虚拟货币由于本身技术的创新性，以及许多人将其视为新兴市场工具的独特性质而获得了关注。同时，虚拟货币还存在不确定性与潜在风险。对此，学者们进行了广泛的讨论。

虚拟货币最早出现于2009年，当时比特币横空出世，自那以后，市场上涌现了众多的虚拟货币，如以太坊、莱特币等。近年来，虚拟货币的发展引起了广泛的关注并逐渐走向了成熟。随着技术进步、投资者日益增长的兴趣以及各国政府对虚拟货币的监管加强，虚拟货币市场也呈现出不断壮大的趋势。

近年来，虚拟货币的新型应用不断涌现。DeFi（去中心化金融）是其中一种被越来越多人看好的应用模式，它基于区块链技术和智能合约为金融服务注入了新的活力。NFT（非同质化代币）也与数字艺术领域相结合，成为收藏市场上的宠儿。2022年，在"元宇宙热"的大背景下，区块链游戏作为元宇宙生态的雏形也吸引了无数人的目光。

随着虚拟货币的发展，围绕它们的监管问题也日益突出，引发了各种挑战。这其中最主要的挑战是，虽然虚拟货币技术是非常创新的技术并颠覆了传统金融行业，但是却难以受到现有监管的有效控制。

首先，虚拟货币市场的本质特点决定了其具有高度的去中心化特性。虚拟货币可以在任何地方进行交易，没有一个必需的中央机构进行交易。这意味着传统的监管方式和手段无法有效地对其进行管控，导致虚拟货币交易容易被恶意利用从而被牵涉进一些非法活动，比如洗钱、非法集资和黑市交易等，这会给社会安全稳定造成影响。

其次，与现实货币不同的是，虚拟货币交易时相对于传统金融模式更具有匿名性，使得虚拟货币在非法交易、逃避税收等活动中成为重要手段。尽管近年来一些虚拟货币交易所开始接受身份验证以及开展反洗钱监测，但如何更好地平衡安全性和私密性，以有效监管交易行为，仍然是一个需要深入探讨的问题。

最后，虚拟货币市场之间国际化特点及监管体系差异也增加了监管难度。由于各国对虚拟货币的看法、监管态度和立法均不同，因此如何实现跨境监管合作、建立共同协调机制等问题亦成为监管难题。

为了保护投资者，维护金融稳定，各国政府都开始了对虚拟货币进行市场监管，并积极探索如何平衡市场发展与风险管控。其中，中国政府就采取了较为严格的监管政策，例如禁止 ICO（初始代币发行）等。其他国家有的也要求虚拟货币交易所进行注册监管，有的则对洗钱和非法集资等活动进行打击，以确保整个市场的健康发展。

随着虚拟货币的迅速发展，执法人员将面对越来越多由虚拟货币引起的案件和挑战。他们需要学习了解虚拟货币相关的技术知识、监管政策以及市场环境，并能准确理解所有涉及虚拟货币的非法活动，这其中还包含一些具体的挑战：

首先是技术挑战。由于虚拟货币交易可以实现匿名性，这使得跟踪和追查成了一项极其复杂的技术任务。因此，执法人员必须熟悉虚拟货币技术和交易工具，包括区块链的原理和功能，各种加密货币的特点和交易方式等。

其次是调查手段的局限性。虚拟货币与传统金融模式不同的特性导致常规的线下取证方式难以使用。因此，执法部门需要开展合适的虚拟货币法律调查并掌握相关的采证方法和技巧。

最后是法律挑战。随着虚拟货币行业发展的快速变化，相关法律法规也在不断更新。执法人员需要密切关注相关法律政策的变化并及时调整行动策略。

为此，本书将对虚拟货币领域的发展情况、虚拟货币在非法犯罪领域的运用，以及包括我国在内的一些国家的虚拟货币监管政策与法律法规进行深入探讨，介绍虚拟货币相关技术和市场环境，掌握虚拟货币犯罪调查和风险评估的方法，帮助执法人员应对虚拟货币带来的监管挑战，更好地保护社会安全和金融稳定。

编者

2023 年 5 月

目 录

第1章 区块链技术 1

  1.1 区块链定义 1

  1.2 区块链核心技术 4

  1.3 区块链系统架构 10

  1.4 区块链分类 11

第2章 区块链应用 15

  2.1 区块链在金融领域的应用 16

  2.2 区块链在非金融领域的应用 20

  2.3 区块链的发展趋势 23

  2.4 联盟链基础 29

第3章 虚拟货币 35

  3.1 比特币的诞生 36

  3.2 比特币的属性 38

  3.3 比特币区块链 42

  3.4 虚拟货币的发展 48

第 4 章 虚拟货币生态 58

4.1 公链 58
4.2 虚拟货币挖矿 62
4.3 项目方 65
4.4 交易平台 66
4.5 数字钱包 69
4.6 用户 71
4.7 数据服务 72
4.8 去中心化金融（DeFi） 74
4.9 非同质化代币（NFT） 79
4.10 链游 80
4.11 元宇宙 82

第 5 章 虚拟货币生态实战 85

5.1 区块链钱包 85
5.2 链上数据查询 91
5.3 交易所 96
5.4 DeFi 的组成和功能 98
5.5 NFT 的发布和购买 100
5.6 发行项目 102

第 6 章 虚拟货币犯罪研判 107

6.1 虚拟货币犯罪概述 107
6.2 虚拟货币在犯罪活动中的作用 108
6.3 打击虚拟货币犯罪的难点 110
6.4 虚拟货币追踪工具 111

第7章 虚拟货币相关监管政策 ········· 116
7.1 中国监管政策 ························ 116
7.2 全球部分国家和国际组织的监管政策 ········· 128

第8章 涉虚拟货币案件相关司法判例 ········· 137
8.1 组织、领导传销活动罪 ················ 137
8.2 盗窃罪 ························ 139
8.3 诈骗罪 ························ 140
8.4 洗钱罪 ························ 143
8.5 帮助信息网络犯罪活动罪 ············ 144
8.6 非法吸收公众存款罪 ················ 146
8.7 掩饰、隐瞒犯罪所得、犯罪所得收益罪 ······ 147

附录1 国内虚拟货币相关监管文件 ··········· 150
1. 关于防范比特币风险的通知 ············· 150
2. 关于防范比特币等所谓"虚拟货币"风险的提示 ····· 152
3. 关于防范代币发行融资风险的公告 ·········· 153
4. 关于防范变相ICO活动的风险提示 ·········· 156
5. 关于防范境外ICO与"虚拟货币"交易风险的提示
   ································ 157
6. 关于防范以"虚拟货币""区块链"名义进行非法
   集资的风险提示 ···················· 158
7. 区块链信息服务管理规定 ··············· 160
8. 关于防范以区块链名义进行ICO与"虚拟货币"
   交易活动的风险提示 ·················· 164

9. 关于参与境外虚拟货币交易平台投机炒作的风险提示 …………………………………………………………… 165
10. 关于防范虚拟货币交易炒作风险的公告 ………… 166
11. 关于整治虚拟货币"挖矿"活动的通知 …………… 168
12. 关于进一步防范和处置虚拟货币交易炒作风险的通知 …………………………………………………………… 174
13.《中华人民共和国反电信网络诈骗法》第二十五条 …………………………………………………………… 178
14. 关于防范 NFT 相关金融风险的倡议 ……………… 192
15. 关于防范以"元宇宙"名义进行非法集资的风险提示 …………………………………………… 193

附录2　术语表 …………………………………………… 195

第1章

区块链技术

> **主要内容**
>
> 本章重点关注虚拟货币的底层技术——区块链,从区块链的定义引入,重点介绍了分布式账本、密码学、共识机制等区块链核心技术以及目前主流的区块链系统的架构。
>
> 此外,本章还介绍了区块链的分类,重点阐述了公有链和联盟链的区别,特别是对不支持虚拟货币的联盟链进行了介绍。

随着比特币等虚拟货币逐步进入大众的视野,整个社会对于虚拟货币的关注度急剧上升,作为虚拟货币的底层技术,区块链更是吸引了越来越多的人对其进行深入研究,并且开始不断探索其宽广的应用空间。那么区块链究竟是一门怎样的技术,到底什么是区块链呢?

1.1 区块链定义

区块链(blockchain),顾名思义,就是由一个又一个区块(block)组成的链条(chain)。每一个区块中都按照实际应用和设计保存了一定的数据信息,它们按照各自产生的时间顺序连接成链条。

这个链条被保存在网络上的所有服务器中，只要整个系统中有一台服务器可以工作，那么整条区块链就是安全的。这些服务器在区块链系统中被称为节点，它们为整个区块链系统提供存储空间和算力支持。

如果要修改区块链中的信息，必须征得掌握半数以上算力的节点的同意并修改所有节点中的信息，而单一节点很难掌握如此多的算力，不同的节点又通常掌握在不同的主体手中，因此想要篡改区块链中的信息是一件极其困难的事。

相比于传统的网络，区块链具有两大特点：一是数据难以篡改，二是去中心化。基于这两个特点，区块链所记录的信息更加真实可靠，可以帮助解决人们互不信任的问题。

通俗地说，可以把区块链看作一种"账本"。传统账本由一方"集中记账"，而这种新式"账本"则可以在互联网上由多方参与、共享，各参与方都可以"记账"并备份，每个"区块"与下一个"区块"按时间顺序线性相连，其结构特征使记录无法被篡改和伪造。

举个生活中的例子，小明家都是由小明来记账，他爸爸、妈妈给他工资并由他记到账本上，由于只有小明一个人记账，他偷偷多花十几块钱，其他人也不会知道。但现在换成是小明和他爸爸、妈妈一起记账，那么小明如果再想去偷偷花一些钱，就不太可能了。

1.1.1 区块链技术的发展

区块链技术最早由中本聪在 2008 年提出，区块链作为一个存储所有交易信息的公共站账簿成为比特币最核心的组成部分。通过利用点对点网络和分布式时间戳服务器，区块链数据库能够进行自主管理。

将区块链引入比特币系统还成功地解决了之前所有的去中心

化数字货币模型都无法解决的重复消费问题,因此这之后区块链被广泛应用到虚拟货币领域。

2014年,随着以太坊项目的启动,区块链技术迎来了又一次重要发展。智能合约的出现推动了第二代可编程区块链技术的成熟,开发人员可以在这个平台上实现更为精密和智能的协议。这个时候,区块链的应用前景已经远不只是虚拟货币等金融领域,而是向着实体经济和现实领域的各个方面渗透。

中国将区块链技术提升到战略层面始于2019年。2019年1月10日,国家互联网信息办公室发布《区块链信息服务管理规定》。2019年10月24日,在中共中央政治局就区块链技术发展现状和趋势进行第十八次集体学习时,习近平总书记强调,"把区块链作为核心技术自主创新的重要突破口","加快推动区块链技术和产业创新发展"。

截至2021年,国务院各部委发布的区块链相关政策已超60项,区块链不仅仅被写入"十四五"规划纲要中,各部门更是积极探索区块链发展方向,全方位推动区块链技术赋能各领域发展,积极出台相关政策,强调各领域与区块链技术的结合,加快推动区块链技术和产业创新发展,区块链产业政策环境持续向好发展。

1.1.2 区块链和数据库的区别

很多刚开始接触区块链技术的人都会问这样一个问题,既然区块链和传统数据库都是用来存储数据和信息的,那么二者之间有什么区别?有什么事情是区块链能做而数据库做不了的呢?

的确,本质上区块链也可以被看作一个去中心化的数据库,因此二者的作用在某些方面有相似的部分。但是从适用场景和一些技术特点的角度看,二者之间的区别很大,因此对于一项具体的业务需求,究竟是适用区块链技术还是适用传统的数据库技术,完全要根据使用场景来决定。

大体来说，传统数据库和区块链的区别包括以下几点：

（1）中心化的管理员

传统的数据库无一不需要有一个中心化的管理员账户的存在，这个管理员可以设置其他账户的读写访问权限，也可以对数据进行增删修改，还可以设置数据库的各种属性。

这也意味着，任何人或节点想要数据库都需要管理员的许可，而比特币等去中心化的区块链是任何节点都可以自由加入、离开的。

（2）可篡改的数据

由于中心化的管理员的存在，传统数据库中的数据是可以被某些具有权限的节点修改的，这也意味着数据库中的数据并非完全可信。

而想要篡改区块链上的历史数据非常困难，进行篡改操作的节点必须得到超过半数的算力的支持才能进行修改操作。

（3）更高的处理性能

中心化的数据库相对于区块链来说，优势在于其较高的处理性能。由于不涉及全部节点间的数据共识操作，并且权限控制可以减少数据传输过程中的加密环节，所以数据库可以实现较高的处理性能。这也是目前区块链技术所难以达到的。

1.2　区块链核心技术

前文我们已经提到过，区块链本质上是一种去中心化的分布式数据库，是分布式数据存储、多中心的点对点传输、共识机制和加密算法等多种技术在互联网时代的创新应用模式。

区块链的核心技术包括分布式账本、密码学和共识机制等。

1.2.1　分布式账本

分布式账本指区块链上的交易记账由分布在不同地方的多个

节点共同完成，而且每一个节点记录的是完整的账目，因此它们都可以参与监督交易合法性，同时也可以共同为其作证。

跟传统的分布式存储有所不同，区块链的分布式存储的独特性主要体现在两个方面：

一是区块链每个节点都按照块链式结构存储完整的数据，传统分布式存储一般是将数据按照一定的规则分成多份进行存储。

二是区块链每个节点存储都是独立的、地位等同的，依靠共识机制保证存储的一致性，而传统分布式存储一般是通过中心节点往其他备份节点同步数据。

由于在区块链网络中没有任何一个节点可以单独记录账本数据，从而避免了单一记账人被控制或者被贿赂而记假账的可能性。并且由于记账节点足够多，除非所有的节点都被破坏，否则账本就不会丢失，从而保证了账本数据的安全性。

所以说，分布式账本在区块链技术中起到了安全存储数据的作用。

1.2.2 密码学

基于区块链的虚拟货币也被称为加密货币，这可见密码学在区块链技术中的重要作用。密码学的应用主要集中在确保参与者和交易的安全、防止双重支出等，其中涉及的重要技术包括非对称加密、哈希算法和默克尔树等。

（1）非对称加密

非对称加密技术是相对于对称加密技术而言的。在对数据或信息加密的过程中，都会使用加密算法和密钥生成密文，密文的接收方则需要使用解密算法和密钥对密文进行解密。在对称加密技术中，用于加密和解密的密钥是相同的，这种方法的优点是加密、解密速度快，但缺点是需要信息收发的各方都持有密钥，一旦有人泄露则安全性就会被破坏，并且如何安全地分发密钥同样也是问题。

非对称加密技术加密和解密的密钥是不相同的,系统中的每个参与者都有一对公钥和私钥,并且公钥和私钥还遵循以下的规则:

一是私钥通过算法可以推导出公钥,但知道公钥几乎不可能推导出私钥。

二是私钥加密的文件,公钥可以打开;公钥加密的文件,私钥可以打开。

在区块链网络中,公钥一般是公开的,是人人可获取的,私钥一般是个人自己持有,不能被他人获取。在信息发送的过程中,发送方用接收方的公钥加密,接收方用自己的私钥解密,实现了信息的加密传输。

(2) 哈希算法

哈希算法,也称为散列算法,是信息技术领域非常基础也非常重要的技术。它能将任意长度的二进制值(明文)映射为较短的固定长度的二进制值(哈希值),并且不同的明文很难映射为相同的哈希值。

在比特币的区块链中,每个用户的地址就是由其公钥通过哈希计算得来的。在区块链的链式结构中,每个新区块中都需要包括上一个区块的哈希值。这都是哈希算法在区块链中的实际应用。

哈希算法有三个显著的特征:

其一,它是一种单向的密码系统,只有加密没有解密,实现了一个从明文到密文的不可逆的映射;

其二,对于输入极为敏感,哪怕是输入有轻微的改动,最终计算出来的结果也会千差万别;

其三,不管输入的明文长度如何,最终都可以生成出长度固定的密文,因此适合于生成消息或数据。

(3) 默克尔树

默克尔树（MerkleTree）是区块内部用来储存交易信息的一种数据结构，这种结构便于对区块内的交易快速地进行检索。

顾名思义，默克尔树结构看上去就像是一棵倒置的"树"，由最下方的"叶子节点"、中间部分的"中间节点"和最上方的"根节点"组成。

构建默克尔树时，最底层的节点是区块中每一则交易数据的哈希值，往上一层的节点是两个相邻交易数据哈希值串联再计算哈希值的结果，再往上一层的节点是下一层两个相邻哈希值串联再计算哈希值的结果，以此类推，直到默克尔树的最顶层只有一个哈希值，也就是默克尔根，如图1-1所示。

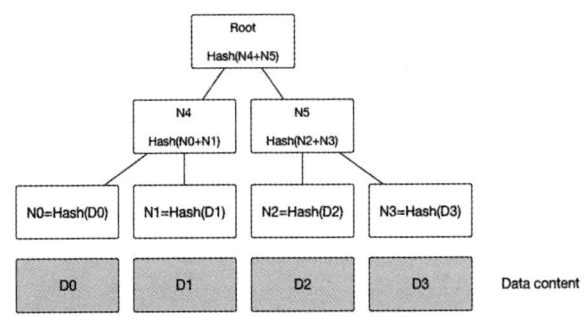

图1-1 默克尔树结构

默克尔树最早由美国密码学家Ralph C. Merkle在1980年提出，并以其名字命名，是一种高效和安全的组织数据的方法，可被用来快速查询验证特定交易是否存在。

在区块链中，默克尔树的主要作用包括：

其一，只要提供根节点和路径（如Root-N4-N1）就可以验证该交易是否在此默克尔树中，而不需要提供其他交易的信息；

其二，只需要比较根节点就可以比较两个默克尔树指代的数据是否完全相同；

其三，一旦某个交易被篡改，可以很容易从根部开始通过查找变更的哈希值定位到相应交易。

1.2.3 共识机制

我们之前提到过，区块链技术使用了分布式账本技术，这就决定了区块链网络是一个分布式的结构，每个节点都可以自由地加入其中，共同参与数据的记录，但是这也引发了一个问题，就是"拜占庭将军"问题，即网络中参与的人数越多，全网就越难以达成统一。

共识机制就是协调全网节点就如何"记账"达成一致的方法，包括明确每个节点处理数据的流程、节点之间争夺记账权的方法等。所以，共识机制在区块链中起到了统筹节点的行为、明确数据处理的作用。

目前主要的共识机制包括工作量证明（PoW）、权益证明（PoS）、委托权益证明（DPoS）、实用拜占庭容错机制（BPFT）等。

（1）工作量证明

在所有这些共识算法中，工作量证明机制是最先被提出来的，其与区块链的概念共同诞生，并被完美应用到比特币系统中。

工作量证明的基本思想是要求参与记账的节点要投入一定的算力才能记账，评价算力的标准是计算出一个符合要求的数值，并将这个数值存储在区块中作为记账节点的工作量证明。

这种共识机制要求节点投入大量的算力才能获得更多的记账机会，从而获得更多的记账奖励。由于算力需要能源支撑，这也解释了为什么比特币等虚拟币挖矿活动需要消耗极大的电力能源。

（2）权益证明

为了解决工作量证明机制消耗太多能源的问题，权益证明机制被提了出来。权益证明需要参与记账的节点质押一定数量的代币，根据质押代币的数量和比例获得记账的机会。

权益证明共识机制主要的优势在于节约算力并且简单易行，在减少能源消耗的同时增加了网络的去中心化程度。目前在虚拟货币领域，很多工作量证明的区块链正在向权益证明等机制过渡，其中最著名的是以太坊区块链，目前以太坊区块链正在向以太坊2.0过渡，届时其将完全由工作量证明机制转为权益证明机制。

（3）委托权益证明

委托权益证明是在权益证明基础上发展起来的，链上用户可以通过投票的方式委托自己信任、支持的节点完成记账工作，如果想要更换某些被选中的节点，可以随时发起投票。

委托权益证明的流程通常是这样的：

首先是节点自我推荐，表示希望成为验证人（也就是记账节点）；

其次是普通的持币者对候选人进行投票，持币者手中的币越多，其投票权重就越大；

最后是投票结束后，按照规则取得票靠前的一定数量的节点作为验证人。

相比于权益证明，由于委托权益证明的验证人数量较少，因此达成共识的过程更为快速，所以可以实现比权益证明机制更快的处理能力。

（4）实用拜占庭容错机制

实用拜占庭容错机制的核心原则就是少数服从多数。在使用这种共识机制的区块链上，每个节点都同自己邻近的节点进行通信，当他们收到不同的信息时，会根据少数服从多数原则认为发送自更多节点的信息是正确的。

这种共识机制简化了形成共识的算法，但是在使用上也有一定限制，具体包括：

一是区块链上的恶意节点数量不能超过 1/3；

二是区块链上的总节点数量一般不超过 100 个。

1.3 区块链系统架构

和互联网一样，区块链系统架构按照功能不同也可以分为相互依赖的多个层，从下向上分别是数据层、网络层、共识层、激励层、合约层和应用层。这六层每层都有自身的核心功能，各层之间互相配合，最终共同实现了一个去中心化的信任机制，如图 1-2 所示。

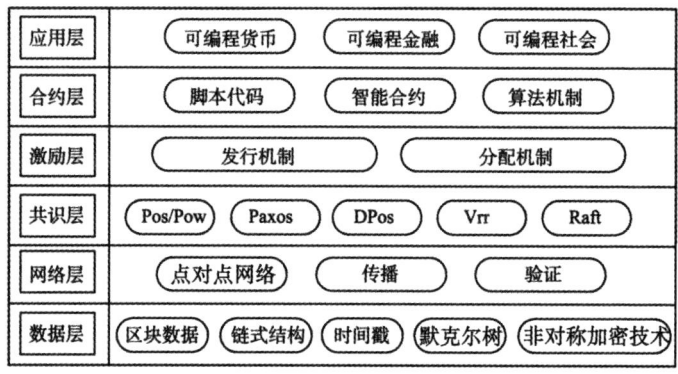

图 1-2 区块链系统架构

数据层是整个区块链系统的基础，其中包括底层数据区块、链式结构、时间戳、哈希函数、默克尔树、非对称加密技术等。该层实现的主要功能包括数据存储、账户和交易的实现和安全。

网络层的作用是实现节点之间的信息交流和传递，参与区块数据的校验和记账过程。其中主要包括点对点网络、传播机制、验证机制等。

共识层主要负责共识算法的实现，就是关于网络中的节点如何就区块数据的有效性达成一致的规则，确定谁可以向主链中添加新的区块。不同的区块链系统中，共识层内封装着不同的共识算法。

激励层主要实现区块链奖励的发行机制和分配机制。奖励主要用于激励节点打包交易"记账"以及对其他节点的交易进行校验。奖励一般分为新区块奖励和交易费奖励。

合约层的主要作用是封装各类脚本代码、算法以及更为复杂的智能合约，是区块链实现灵活编程和操作数据的基础。

应用层封装了区块链的各种应用场景和案例，提供可编程环境、通过智能合约将业务规则转化成平台自动执行的合约。

1.4 区块链分类

我们在前文中多次提到，比特币、以太坊等区块链的节点可以自由加入、退出、发起交易、读取数据，对于这一类区块链，我们一般称它们为公链（Public Blockchain）。

这其实只是区块链的一个使用场景，在某些场景中，区块链的开发和运营者只希望有限的经过授权的节点可以修改区块链上的数据，或是希望简化共识方式以提高性能，这种区块链牺牲了比特币、以太坊等公链去中心化的特性，虽然数据可能对外是可读取的，但是无法被非授权的节点修改，这种区块链我们一般叫它们为联盟链（Consortium Blockchain）。

区块链领域中有一个"不可能三角"的概念，就是说去中心化、安全和性能这三方面对于一个区块链来说不能同时满足。对联盟链来说，只有授权的节点才能修改区块链上的数据，从某种意义上说不是完全的"去中心化"。但是反过来，由于其节点数量和权限可控，因此可以使用更为简单高效的共识机制，所以在安全和性能方面要好于一般的公链。

在更为极端的情况下,一个区块链的数据也可以不对外开放读写权限,这个区块链完全是一个内部使用的区块链,这种情况我们称其为私有链(Private Blockchain)。

1.4.1 公链

公链也称公有链,顾名思义就是"公有",它是指任何人都能参与的区块链。公有链是去中心化程度最高的区块链,不受机构控制,整个账本对所有人公开透明。任何人都能在公有链上查询交易、发送交易、参与记账。

公有链网络中不存在任何中心化的服务端节点,其通过密码学数字签名保证交易不可篡改,也通过密码学验证交易信息以及进行激励,在节点相互之间不知道身份的网络中形成共识,从而建立完全去中心化的信任机制。

目前的公有链在共识机制上都存在一些限制,在没有一个中心节点来进行管理和维持系统的情况下,全网的所有节点达成共识需要使用相对复杂的算法,这也成了公有区块链性能提升的障碍。

比特币和以太坊都是最为典型的公链,区块链领域的新进展往往都是先在公链中进行实验应用的。

1.4.2 联盟链

联盟链是指由多个机构共同参与管理的区块链,每个组织或机构管理一个或多个节点,其数据只允许系统内不同的机构进行读写和发送。联盟链上的读写权限和记账权限都由联盟规则限定,联盟链的共识过程由预先选好的节点控制。

联盟链一般来说适合于机构间的交易、结算或清算等场景。例如银行间进行支付、结算、清算的系统就可以采用联盟链的形式,将各家银行的网关节点作为记账节点,当网络上有超过2/3

的节点确认一个区块时,该区块记录的交易将得到全网确认。

相比于公链,联盟链最大的优势来自性能,其在交易处理能力上远超传统公链,这主要是由于联盟链的节点相对较少,并且共识机制较为简单。

安全是联盟链的另一个显著优势,相比于公链,链上的所有节点的权限都是可以管理控制的,中心化的管理者可以授权可信任的节点进行区块链的修改和交易验证工作,杜绝了恶意节点的出现。

目前联盟链技术在国内外都在高速发展。

一方面,很多科技巨头都在发力BaaS(区块链即服务)市场。IBM、甲骨文、华为、百度、微软、NTT、VMware、埃森哲、SAP、阿里巴巴等科技巨头持续在BaaS领域投入重兵,结合自己在软件、云存储、服务器、人工智能等领域的优势推出区块链产品,帮助用户搭建自己的区块链平台。

另一方面,HyperLedger、BSN、R3等头部联盟链组织的成员数不断增加。特别是一些金融、医疗、供应链等产业的重要参与者,正在通过加入这些成熟的联盟链组织寻找快速部署区块链升级现有业务流程的可能。

当然,联盟链技术也有其自身的问题。数据互通性是联盟链需要解决的问题,虽然解决了公链的性能和数据安全的问题,但是随着越来越多的联盟链的部署,数据互通的需求也显得越来越急迫,仍需要有更为成熟的数据分享解决方案。

由于传统公链的通证(Token)激励机制存在合规风险,联盟链的激励机制只能来自联盟成员自身的业务改进,这可能会影响联盟链成员参与的积极性。合理且合规的激励机制将会推动联盟链更加良性的发展。

此外,联盟链的应用需要有能够"破圈"的杀手级应用,这样才能够真正进入主流企业和个人用户的视野，推动区块链技术的普及和推广，使得更多人认可、相信并愿意使用区块链技术。

1.4.3 私有链

与公有链相反，私有链是指不对外开放，仅仅在组织内部使用的区块链。私有链是联盟链的一种特殊形态，即联盟中只有一个成员。

私有链的读写权限掌握在某个组织或机构手里，由该组织根据自身需求决定区块链的公开程度，适用于数据管理、审计等金融场景。比如企业内部的票据管理、财务审计或者政府内部管理系统等。

私有链虽然看上去是一个完全封闭的系统，但是也有一些明显的优点。

对于私有链来说，运行着私有链的共同体或公司在有需求的时候，可以很容易地修改该区块链的规则，如还原交易、修改余额等。链上的节点都是经过授权认证的节点，所以没有恶意节点的存在，因此有着极高的安全性。并且私有链的性能非常高，因为各个节点间不需要复杂的共识协议，所以完成交易的速度十分快。

私有链最大的缺点就是"中心化"，任何中心化的服务器、数据库或平台受到网络攻击的风险都会很高，一旦遭到攻击或出现故障，整个私有链系统都会瘫痪。

第 2 章

区块链应用

> **主要内容**
> 本章重点介绍了区块链技术在虚拟货币之外的其他领域的应用，主要包括金融领域和非金融领域两大类，还对区块链技术的发展趋势进行了介绍。本章还针对联盟链的应用场景，对 Hyperledger Fabric、链码等内容进行了介绍。

自 2008 年中本聪发布《比特币白皮书》以来，区块链行业和技术取得了快速的发展，并逐渐向各个传统行业渗透。特别是在近几年，区块链已经和大数据、人工智能、物联网、5G 等技术一起，成为打造数字经济的基石。

在应用方面，区块链最早进入的是金融领域，不管是公有链还是联盟链，都在解决传统金融系统的痛点方面取得了一定进展。在物流供应链、工业生产、知识产权保护、生活娱乐等领域，区块链也进行了有益的探索。

虽然如此，目前区块链的发展还处于早期阶段，仍有较多的问题未能完全解决，并且尚没有真正意义上成熟的"杀手级应用"能够广泛应用。

2.1 区块链在金融领域的应用

金融领域向来是对先进技术最为敏感的领域，而区块链最早的应用比特币就是为了实现不依赖可信第三方进行点对点支付而出现的，这本身就是一个金融领域的应用场景。显而易见，区块链在金融场景中的应用具有先天的优势，目前在各种区块链相关应用的探索中，大都是围绕金融展开的。

在金融领域中，不管是公有链还是联盟链，区块链技术在数字货币、支付清算、智能合约、金融交易、证券产品发行和交易等方面都有着广阔的应用前景。

在传统金融领域，纳斯达克、摩根大通、花旗银行、高盛集团等金融巨头已经在区块链技术方面进行布局，他们要么建立自己的区块链实验室，要么对相关区块链公司进行投资或收购，加强自身的区块链技术储备。

虽然最初的区块链技术开发者和加密货币的支持者们的动机是通过去中心化的手段颠覆传统的金融行业，但是这些传统巨头们仍然认为可以吸收区块链技术在提供可信数据、提高效率、降低交易中间环节等方面的优势，在各方面同自身的业务相结合，提高自己在行业中的整体竞争力。

传统金融巨头对区块链的兴趣主要体现在以下几个方面：

一是简化传统依赖于人工的金融服务流程，减少中间环节，最终降低服务和企业运营成本；

二是使用区块链技术提高支付服务的效率，特别是在跨境支付等领域，可以大幅减少到账所需时间，并降低交易费用；

三是区块链上数据的安全、不可篡改、可追溯等特性满足了监管机构对于金融企业在数据记录方面的要求。

金融领域中最关键的是信任，为了维护信任，传统金融行业中催生了大量的中介机构，比如托管机构、第三方支付平台、公证人、银行等。但是中介机构往往过于依赖人工处理信息，并且相关的交易信息还往往需要经过多个中介机构的传递，这使得信息出错率高、效率低下，并且在发生错误时难以进行及时追溯。

传统的金融体系虽然通过中心化的方式建立信任，但是这个体系的成本过高，并且效率低下。因此，如何高效、便捷、低成本地在金融领域中建立信任，成了行业中的重要问题。

区块链技术本身就是一个分布式账本，并且具有不可篡改、数据可追溯等特性，还可以通过支持智能合约实现更为复杂的功能，这为在传统金融体系中建立信任提供了一种新的思路。分布式账本可以通过数据算法和密码学机制保证数据的正确性和一致性，智能合约则可以将现实操作流程电子化并自动执行，这都在提升系统效率的同时降低了操作风险。

在资产证券化、保险、供应链金融、大宗商品交易、资产托管等涉及多个参与主体的领域，传统的信用评估方式代价高昂，中介结算效率低下，传统的金融工具和系统难以有效解决信息不对称、流程冗余拖沓、信息验真成本高等问题。

区块链技术则可以有效解决这一问题。它通过建立一个多方参与的联盟链系统，使市场的所有参与者都可以无差别地获取所有交易信息和资产归属记录，这能够有效解决信息不对称的问题；通过部署智能合约，还可以减少支付结算环节的出错率和耗费的时间。并且由于区块链上的所有数据对各方都是透明的，因此无须像传统金融体系那样去设置多个环节检验数据的真伪。

2.1.1 数字货币

以比特币为代表的虚拟货币正在拥有越来越多的使用者，特别是在新冠疫情全球肆虐的大背景下，社交隔离政策和远程在线工作越来越普及，加密货币由于其在支付方面的便利性，甚至挤占了法定货币的市场空间。因此,全球多个国家的中央银行都在考虑、探索、试点央行数字货币的可能性。央行数字货币是法定货币的数字形式,虽然其在技术路径下不完全依赖于区块链技术,但是区块链技术的可追溯、点对点支付、匿名性等特点都在央行数字货币中有所体现。

2.1.2 支付清算

现阶段商业贸易的交易支付和清算都完全依赖于银行体系,处理流程需要涉及开户行、对手行、清算组织、境外银行等多个金融机构。在这个流程中,每个环节涉及的机构都需要有自己的账务系统,并且彼此间需要建立代理关系,每笔交易都需要在本机构记录,并与相关对手方进行清算和对账等,这导致了整个过程耗时较长且成本较高。

使用基于区块链的支付体系可以为交易双方进行直接的端到端的支付,这之中甚至可以不涉及任何中间机构,能够大大提高速度和降低成本。

2.1.3 数字票据

传统的纸质票据业务人为介入较多,操作环节处处需要人工核验,并且涉及较多的中介机构参与,这容易引入违规事件和操作风险。并且一直以来,票据的交易总是需要一个第三方的机构来确保有价票据传递的安全可靠性。

通过使用基于区块链的数字票据,票据价值的传递可以完全实现去中介化,票据的真实性可以通过央行的系统进行认证,并且可以通过区块链进行数字票据的点对点交易,不需要特定的中心化系统对其进行验证或控制。中介的角色被消除,因此人为的影响也会大大减少。

2.1.4 征信管理

在信贷领域,企业或个人借款主体的金融信用情况是最重要信息。在传统的金融体系中,商业银行会将每个借款主体的信用信息及还款情况上传至央行的征信中心,在需要查询时,在客户授权的前提下,再从央行征信中心下载信息。这其中还存在信息不完整、数据更新不及时、效率低下、使用成本高等问题。

在这一领域,区块链可以将程序算法自动记录的信用相关信息存储在区块链网络上,商业银行可以使用加密的形式存储并共享客户在本机构的信用信息。在客户申请贷款时,贷款机构在被授权后可以在区块链上直接查询客户的完整信息数据并完成征信,从而提高整个借贷流程的效率。

2.1.5 证券发行和交易

证券交易领域是区块链技术极有发展潜力的一个领域。在传统的证券交易中,证券的发行与交易手续烦琐且效率低下,可能需要通过数月或者数年的时间才能完成上市。公司发行证券需要先同证券发行中介机构签署委托募集合同,经历复杂的申请流程之后才能寻求投资者认购。而证券持有者发出交易指令后,需要进过证券经纪人、资产托管人、中央银行和中央登记机构的协调才能完成交易。

区块链技术可以大大简化并缩短这一过程,并且能够实现交易数据准确、透明的记录,避免了传统金融领域中暗箱操作、内幕交易的可能。更重要的是,使用区块链技术,证券的持有者可以使用智能合约进行相应的买卖交易操作,可以设置定制化、自动化的投资策略,执行最优的投资方案。

2.1.6 跨境汇款、支付和结算

目前常见的跨境汇款方式是通过银行或汇款公司转账,汇款

后会生成提款码,收款人再通过提款码进行取现。虽然相比于之前,目前使用的 SWIFT 系统已经将跨境汇款和转账的时间和费用情况进行了改善,但是由于其中会通过多个中间环节,效率仍然相对低下。

使用区块链技术可以实现快速、廉价的点对点跨境支付,完全不需要依赖中转的银行机构。通过区块链进行转账的平台,不但能够减少费用,快速到账,并且由于区块链安全、透明的特性,跨境汇款和支付的安全性也大大增加。

2.2 区块链在非金融领域的应用

区块链技术的发端虽然是在金融领域,但是随着技术本身的发展以及同大数据、人工智能、5G、物联网等其他技术相结合,这些技术共同组成了新型数字经济时代的基石。在金融领域之外,区块链、智能合约、非同质代币等技术仍然有着非常广阔的应用前景。

2.2.1 供应链

供应链领域是区块链技术最早开始探索的领域之一。在最近几十年里,随着国际商业环境的变化和国际贸易的发展,供应链正在从原来的链式结构向网式结构演进,供应链各个环节涉及的不同类型的实体数量不断增多,不同实体所需的信息内容和类型又各不相同,如何管理日益复杂的供应链网络成为相关企业需要面对的重要问题。

供应链网络的复杂化直接导致了供应链流程效率的低下和管理成本的增加,此外对于某些对产地、来源敏感的产品,市场和客户都为相关企业提出了可溯源性的要求。这都给基于区块链的供应链系统创造了应用的机会。区块链网络本身就具有透明性、不可篡改性、可追溯性、可信性等特点,这都同供应链相关方的需求相一致。

供应链的所有上下游相关方都可以在一个可控制节点权限的区块链网络上共享信息,所有交易和状态变更都可以在网络内广播并更新,各相关方可以根据自己的权限和需求从中获取自己需要的数据和信息。通过部署智能合约,供应链管理中的一些操作可以自动执行,免去了使用人工审核或者纸质文件带来的复杂流程和人力成本。

2.2.2 能源行业

能源行业的发展正在实现现代化、数字化和网络化,能源行业的参与者们正在向着清洁化和分布式转型,分布式能源体系正在成为传统能源体系的有力补充,新型的能源生产者(如光伏发电)和新型的能源消费者(如电动汽车)的数量都在稳步增加。更为重要的是,随着移动互联网带动着整个世界互联网覆盖率的增加,几乎所有的能源生产者和能源消费者都可以以某种形式接入互联网中,这使得一个基于区块链的能源网络得以成形。

在传统的能源体系中,小型的分布式能源体系时常面临着无法并入电网、产能不稳定、找不到能源消费者等问题。而在基于区块链的能源网络中,这些新型的能源生产者和消费者可以被灵活有效地组织起来。区块链可以提供一个能源交易平台,生产者和消费者可以在平台上发布自己的能源需求或提供能源服务,通过智能合约和数字货币,服务的费用被准确计算并支付报酬,由于区块链的透明性和可追溯性,所有交易数据的可信度得到保障。

2.2.3 政务领域

电子政务是应用现代信息和通信技术,将管理和服务通过网络技术进行集成,在互联网上实现组织结构和工作流程的优化重组,超越时间和空间及部门之间的分隔限制,向社会提供优质、全方位、规范而透明的管理和服务。目前我国的电子政务发展仍然不及预期，主要原因包括人口规模大、公共服务需求复杂、不同部门之间信息无法互通等。此外，由于电子政务服务中涉及大量个人、企业和政府的敏感信息，数据和信息的安全性也是必须考虑的一个因素。

区块链技术为电子政务系统提供了一个可行的解决方案，可以构建一个高效、可信、安全的信息数据管理系统，数据和信息可以以可验证和不可更改的方式在加密后存储在区块链系统上，各个参与节点的授权情况和访问记录可以存在政务链上，这能够提高数据和信息的安全性，提高政府的公共服务效率。

2.2.4 保险行业

传统的保险行业目前也正处于行业转型的关键时期，在投保和理赔方面都非常依赖人工参与，并且需要处理大量的纸质文件，使得流程冗繁、效率低下、人力成本高，区块链技术可以在一定程度上解决传统保险行业的这一痛点。

在投保方面，以畜牧业保险中的生猪保险为例，传统模式下保险公司需要进行现场查看，评估风险后再确定能否承保。而如果使用区块链等技术，则可以为每一头生猪编码，对其活动情况进行监测，并将这些数据入链，跟踪其健康状况。

在理赔方面，通过应用智能合约可以将复杂的理赔流程简化。以航班延误险为例，智能合约可以通过区块链预言机系统实时获取全球的航班运营信息，自动根据保险条款和实际情况进行理赔，理赔资金可以直接转入投保人设定的电子钱包中。基于区块链和智能合约的理赔机制不仅减少了需要人力参与的中间环节，还在一定程度上避免了骗保等情况的发生。

2.2.5 信息存证

由于区块链技术具有数据不可篡改的特性，并且链上的每一个区块与其前后的区块在上链时间上有先后关系,因此链上的每个区块还都有时间戳的特性,这两点使得区块链上的数据具有极高的可信度,因此非常适合用于数据和信息存证。电子信息存证主要可用的领域包括电子合同存证、版权保护、司法存证等。

使用区块链对电子合同进行存证,相比传统方法有诸多优势。一方面是通过区块链建立无利益第三方的见证人身份,传统方式则需要一个见证机构,不仅成本高,还不能保证没有利益冲突;另一方面保存在区块链上的电子合同的时间戳确保了合同的每个行为都有据可查。此外,用户对保存在区块链上的电子合同的操作都需要经过身份认证,由用户的私钥签署操作,因此用户不可抵赖。

在版权保护方面,传统内容创作领域经常有侵权行为,内容创作者有时候难以证明该内容属于自己。这一问题可以通过区块链版权保护系统得以解决,创作者可以将其创作的内容上链保存,链上内容具有可信的时间戳,加之作者的上链凭证,可以证明其自身就是该内容的创作者。

在司法存证方面,此前在司法实践中,电子数据较难在法庭上得到认证,因为其容易被篡改,需要通过各种形式来证明当时的证据是有效的,所以很难被法院认可成为证据。而区块链司法存证则是利用了区块链可追溯、不可更改和时间戳等特性,让电子数据的生成、存储、传播和使用的全流程可信。

2.3 区块链的发展趋势

虽然相比于十年前区块链技术取得了长足的发展和进步,但是目前仍处于发展的初级阶段,还存在很多技术和应用方面的问题亟待解决。针对这些存在的问题,区块链行业的参与者也从各自的角度和领域出发,从不同的方向探索这些问题的解决方案。

2.3.1 安全性

安全性、效率和去中心化是区块链行业中公认的"不可能三角",指一个区块链网络不可能同时满足这三方面的要求。目前区块链在传统行业中的应用都以联盟链为主,其通过在去中心化这方面作出让步以满足性能和安全性的要求,而对于公有链来说,由于区块链上的节点都是自由加入的,因此需要考虑恶意节点的存在以及项目受到各种攻击的可能。

(1) 当前的问题

对于公有链,特别是工作量证明类型的区块链来说,51%攻击问题是一个主要的安全问题。在比特币等区块链网络中,算力就代表了记账的权力,如果有某个节点控制了全网超过51%的算力,那么它就有可能成功篡改和伪造区块链数据。对于比特币等全网算力较多的区块链,单一的矿工已经很难控制如此多的算力,但是现在矿池挖矿已经成为主流模式,如果某一矿池掌握了超过半数的算力,理论上也可以发动51%攻击。而对于一些算力不足的区块链网络,恶意节点则有可能在短时间内控制超过半数的算力进行攻击。

所有区块链应用都是建立在密码技术的基础之上的,比如比特币区块链的安全就依赖于散列函数、椭圆曲线等非对称加密算法,但是随着数学、密码学、量子计算技术等领域的发展,传统密码学中的一些基本的安全假设有可能会变得不再安全。特别是随着量子计算等新计算技术的发展,非对称加密算法在未来有被破解的可能。

在区块链上的数据、信息和资产的安全性由加密算法提供保证,这些数据内容和资产的所有者只有通过特定的私钥才能对其进行访问或其他操作。但是,在使用者如何保存私钥方面,则可能存在一些安全漏洞。数字资产的拥有者一般使用数字钱包来进行管理，相关的安全问题就包括钱包文件或私钥被误删、计算机遭遇木马攻击导致私钥被窃取、使用者使用钓鱼网站导致钱包授权被恶意操作、存储私钥的电子邮箱或云存储被盗等。

随着区块链上的智能合约的使用的增多，针对智能合约或者基于智能合约的去中性化金融协议的攻击越来越普遍。智能合约代码一经部署自动执行，因此未发现的代码或逻辑上的漏洞很容易被黑客利用，进而给项目方或者项目的用户带来损失。

（2）发展方向

在安全性方面，区块链领域主要从四个方面探索解决方案，分别是算法安全、协议安全、实现安全和使用安全。

在算法安全方面，主要是要关注区块链领域使用的加密算法相关的动态，提前做好备用方案，一旦发生算法被破解或者计算技术领域出现技术突破，可以快速通过共识切换至新算法。

在协议安全方面，主要是基于区块链的协议在设计时需要全面考虑各种可能出现的使用场景，特别是针对一些异常情况需要有相应的分支处理流程，避免被攻击者利用。

在实现安全方面，主要指区块链智能合约和底层代码的编写过程需要确保没有漏洞和安全隐患，使用经过验证的代码库以及对代码进行严格的审计工作都将成为项目上线前的必备操作。

在使用安全方面，主要是指如何保护使用者的私钥安全，数字钱包开发商们正在推出各种新的安全技术和私钥保存方案，在加密货币进入主流人群之前，安全易用的数字钱包解决方案将是必需。

2.3.2 可扩展性

可扩展性主要是指区块链的扩容问题，对于区块链来说，区块的容量大小决定了单个区块内可能被处理的交易数量。随着区块链交易规模及数量的增长，区块链的交易处理速度和能力成为影响用户体验的关键因素。

区块链的区块大小等参数设计事实上综合考虑了计算资源的承受能力，如网络带宽、存储空间和处理器的速度等，如果单纯地调大区块容量，则可能耗尽其他网络资源；而区块链容量太小，则会导致网络资源浪费，交易处理速度过慢。

目前，区块链领域内主要从共识算法、分片技术、链上和链下扩容、跨链和侧链等方向寻求提高可扩展性的解决方案。

（1）共识算法

对于一个区块链网络来说，最重要的算法就是共识解决方案的算法，因此共识算法的研究也是区块链领域最受关注的研究领域之一。共识算法是解决区块链"不可能三角"的关键，传统的工作量证明算法（PoW）、权益证明算法（PoS）、委托权益证明算法（DPoS）已经得到了广泛的应用，但是想要在区块链的可扩展性方面更进一步，还是需要在这方面有所突破，特别是大规模节点的共识机制、新型区块链架构下的共识机制等。

（2）分片技术

分片技术最早被用于数据库领域，是指将数据库分为更小、更容易管理的部分，存放在不同的服务器上以提高数据的处理能力和性能。在区块链领域，分片技术可以使每个节点只对自己分片内的交易进行验证，不需要验证分片外的交易，进而节约交易时间和网络资源，提高交易处理的速度。区块链分片技术主要包括网络分片、交易分片和状态分片。

（3）链上和链下扩容

链上和链下扩容也是提高区块链可扩展性的一个重要发展方向之一。链上扩容一般是通过改变区块结构提升区块链性能，链下扩容则是将一些链上操作转移到链下完成，因此也被称为二层扩容解决方案。

链上扩容的解决方案最典型的例子是比特币的隔离见证解决方案，通过将占用较多空间和时间的签名信息和操作从区块链区块和验证操作中独立，使得区块能够容纳更多的交易数量。

二层扩容解决方案是当前的一个研究热点，主要包括状态通道、Plasma 和 Rollups 等，其中最典型的应用是比特币的闪电网络。闪电网络使用状态通道的方式，多方将资金发送到一个多重签名控制的地址，仅在通道建立和关闭时在链上进行结算，这期间所有的相关交易都在链下进行。

（4）跨链与侧链

跨链是实现不同区块链互联互通提高可扩展性的重要技术，侧链也是这一技术中的一个分支。狭义的侧链是指锚定某条原链（如比特币、以太坊）的区块链，其作用主要是支持与原链之间的交互。广义上的侧链则包括为了解决原链的可扩展性问题用于分担原链的计算或交易压力的侧链。

跨链和侧链主要解决的是一个互联互通的问题，这一问题不管是在公有链领域还是在联盟链领域都是存在的，特别是随着各种区块链数量的增多，联盟链在各个行业中的逐渐推广，逐渐产生了一些共识机制不同、数据和信息格式不同的"区块链孤岛"。跨链和侧链相关领域的研究能够将这些孤立的区块链以一种可组织的形式连接起来，为整个区块链网络的进一步发展奠定基础。

2.3.3 隐私性

相比于传统的中心化数据系统，区块链机制不依赖于特定的中心节点处理和存储数据，因此能够避免中心化服务器单点崩溃和数据泄露的风险。但是，为了在分布式系统的各节点之间达成共识，区块链中的所有公开记录必须公开给所有节点，这增加了隐私泄露的风险。

虽然在区块链上用户使用公钥地址作为"假名"可以在一定

程度上隐藏用户的身份信息,但是由于区块链上的所有交易信息都是公开的,关联交易、找零地址等都有可能暴露用户的交易模式和交易特征,从而可以有机会将区块链上的"假名"地址同现实的用户身份建立联系。

在联盟链上,隐私同样也是一个需要考虑的问题,由于各个节点可能来自不同的机构,因此需要保证不同节点对于共享的数据有不同的权限。联盟链往往使用隔离机制来实现隐私保护,如 Hyperledger Fabric(由 Linux 基金会发起创建的开源区块链分布式账本)使用多通道的机制,同一个通道的节点能够获取该通道的所有账本信息,不同通道节点的账本信息相互隔离。

在公链领域,目前隐私解决方案研究的热点是零知识证明技术和安全多方计算技术。零知识证明是指证明者能够在不向验证者提供任何有用信息的情况下,使验证者相信某个论断是正确的方法;安全多方计算指的是一种允许多个数据所有者在互不信任的情况下进行协同计算,输出计算结果,并保证任何一方均无法得到除应得到计算结果之外的任何信息。

2.3.4 合规性

区块链和加密货币已经在多个领域取得了小规模的成功应用,但是其目前一直无法取得大规模的应用,特别是无法被主流人群所使用和触及。这其中最大的一个障碍就是监管和合规方面的问题。

一方面,比特币等加密货币常被一些犯罪分子用于非法用途,比如赌博、洗钱、贩毒、诈骗等。由于加密货币匿名性的特点,使得监管机构无法有效识别犯罪分子和加密行业的参与者以及加密货币的合法持有者。为了解决这一问题,加密行业中的主要机构都在进行合规方面的努力,特别是将 KYC(了解客户)和 AML(反洗钱)流程应用到自身的系统当中,阻止与非法行为有关的资金流入自身平台。

另一方面，随着越来越多的基于区块链的智能合约被使用，智能合约在法律上的地位需要得到澄清，特别是当智能合约被用作价值转移的工具时，比如用于资金募集、证券发行、赌博等相关内容，这会引起全球范围内所涉及领域的司法监管。因此，作为智能合约的开发方，需要承担起更多的合规责任。

2.4 联盟链基础

国内区块链的应用以联盟链为主，Hyperledger 超级账本是企业搭建联盟链的主要工具之一。

2.4.1 Hyperledger、Fabric

（1）Hyperledger

Hyperledger 项目也被称作超级账本，是区块链技术中第一个面向企业应用场景的开源分布式账本平台。

2015 年 12 月由 Linux 基金会主导并牵头，IBM、Intel、Cisco 等制造和科技行业的巨头共同宣布了 Hyperledger 联合项目成立。Hyperledger 将区块链技术引入联盟链的应用场景中，为未来基于区块链技术打造高效率的商业网络打下基础，为透明、公开、去中心化的企业级分布式账本技术提供开源参考实现，目前国外的如 IBM、Intel、Cisco、Oracle、RedHat、Samsung、Fujitsu、Airbus 等企业，国内的如百度、小米、腾讯、联想、华为、浪潮、京东、迅雷、房掌柜、中国民生银行、招商银行、保全网等都是超级账本的成员。

在 Hyperledger 中，项目可以分为两大类别：框架项目与实用项目。

框架项目是区块链应用开发平台，提供企业级应用程序开发环境及相关的 SDK（软件开发工具包）。

实用项目是区块链应用测试、部署、管理等工作的相关工具。

（2）Fabric

Fabric 是超级账本社区首个项目，也是最流行的分布式账本实现，由 IBM、DAH 等会员企业于 2015 年底贡献到社区。

Fabric 是一个面向联盟链的区块链平台，可以通过在这个平台上部署特定的智能合约实现业务逻辑，为开发企业级区块链应用提供如下功能：

①基于许可的区块链框架（有准入机制，需要被许可才可加入）；

②模块化设计（如 ca 模块、共识模块等）；

③智能合约；

④隐私与机密性（数据是通道隔离的，通道内成员才可接收数据）；

⑤可插拔的共识（solo、kafka、raft 共识）；

⑥高性能与可拓展（利用通道、服务划分等实现）。

作为面向企业场景的联盟链，Fabric 中有许多经典的设计和先进的理念，包括多通道、身份证书机制、隐私保护、运维管理接口等。另外，其可扩展的架构可以满足不同场景下的性能需求，如虚拟机部署场景下可以达到 3500 tps 的吞吐量和小于 1 秒的延迟，更多物理资源情况下可以达到更大的（10K+）的吞吐量。

2.4.2 环境和工具

（1）系统及工具

①Fabric 运行系统。

由于 Fabric 运行需要依赖 docker 服务且在 linux 系统中运行，同时需要执行一些命令行操作，系统的搭建可以采用安装虚拟机的形式，不会影响自己本地常用操作系统。推荐的搭建方式是安装 virtualbox+vagrant+xshell 三种工具，可以方便快捷地搭建和管理适合本地的操作系统。

②Go 语言开发工具。

Go 版本：Fabric 是基于 Go 语言开发的，而且不同版本依赖不同的 Go 版本。比如，Fabric 1.4.3 版本对应 Go1.11.5 版本。

③Git 工具。

Git 是一个开源的分布式版本控制系统，可以有效、高速地处理从很小到非常大的项目版本管理。

④IDE 工具。

IDE 也就是集成开发环境，是用于提供程序开发环境的应用程序，一般包括代码编辑器、编译器、调试器和图形用户界面等工具。

Go 语言常用 IDE 包括 vscode 和 Goland。

vscode：https://code.visualstudio.com/，占用空间少，启动速度快。但是 Go 语言代码的接口跳转查看不方便，官方免费。

Goland：https://www.jetbrains.com/go/，功能比较齐全，支持的插件多，对 Go 语言代码编辑和查看比较灵活。

（2）Docker

Docker 是一个开源的应用容器引擎，基于 Go 语言并遵从 Apache2.0 协议开源。

Docker 可以让开发者打包他们的应用以及依赖包到一个轻量级、可移植的容器中，然后发布到任何流行的 Linux 机器上，也可以实现虚拟化。容器是完全使用沙箱机制，相互之间不会有任何接口（类似 IOS 的 App），更重要的是容器性能开销极低。

Docker 是一个用于开发、交付和运行应用程序的开放平台。Docker 能够将应用程序与基础架构分开，从而可以快速交付软件。借助 Docker，可以与管理应用程序相同的方式来管理基础架构。通过利用 Docker 的方法来快速交付、测试和部署代码，可以大大减少编写代码和在生产环境中运行代码之间的延迟。

Docker 在 Fabric 中的应用主要体现在：

①Fabric 网络搭建之前需要根据项目源码编译生成 Docker 镜像。

②Fabric 区块链网络中的各个节点是以 Docker 容器的形式运行的。

③智能合约是在实例化时生成 Docker 镜像并运行一个智能合约 Docker 容器。

④Fabric 区块链平台的运维是通过 Docker 服务管控的。

其应用场景包括：

①使应用的打包与部署自动化。

②创建轻量、私密的运行环境。

③实现自动化测试和持续的集成部署。

④部署与扩展 webapp、数据库和后台服务。

2.4.3 链码

智能合约在 Hyperledger Fabric 中称为链码（chaincode）。

首先它是一个程序，可以使用 Go、node.js 或者 Java 语言来实现预定义的接口。链码被部署在 Fabric 的 peer 节点上，能够独立运行在具有安全特性的受保护的 Docker 容器中，以 gRPC 协议与相应的 peer 节点进行通信，以操作分布式账本中的数据。可以根据不同的需求开发出不同的复杂的应用。

很多开发者选择使用 Go 语言作为智能合约开发语言，原因如下：

①与 Fabric 开发语言相同，不需要准备额外的开发环境，比如安装 IDE、安装 Go 语言等。

②有丰富的 Go 语言实现的智能合约样例提供参考。

③基于 Go 语言的智能合约接口方便对接和理解。

④可以使用 Fabric 为 Go 语言开发的智能合约准备的接口进行单元测试。

（1）链码分类

链码一般分为系统链码与用户链码两类。

①系统链码：

• 配置系统链码（CSCC）Configuration System Chaincode：负责账本和链的配置管理。

• 背书管理系统链码（ESCC）Endorsement System Chaincode：负责背书（签名）过程，并可以支持对背书策略进行管理。

• 生命周期系统链码（LSCC）Lifecycle System Chaincode：负责对用户链码的生命周期进行管理。

• 查询系统链码（QSCC）Query System Chaincode：负责提供账本和链的信息查询功能。

• 验证系统链码（VSCC）Verification System Chaincode：交易提交前根据背书策略进行检查。

②用户链码：

由应用开发人员使用 Go（Java/JS）语言编写基于区块链分布式账本的状态及处理逻辑运行在链码容器中，通过 Fabric 提供的接口与账本平台进行交互。

（2）链码生命周期

链码开发编写完成后，并不能立刻使用，而是必须经过一系列的操作之后才能应用在 Hyperledger Fabric 网络中进而处理客户端提交的交易。这一系列的操作由链码的生命周期来负责管理。

系统链码负责 Fabric 节点自身的处理逻辑，包括系统配置、背书、校验等工作。系统链码仅支持 Go 语言，在 Peer 节点启动时会自动完成注册和部署。

管理链码的生命周期共有如下 5 个命令，不过安装 install、实例化 instantiate、升级 upgrade 这三项操作不适用于系统链码。

- install：将已编写完成的链码安装在网络节点中。
- instantiate：对已安装的链码进行实例化。
- upgrade：对已有链码进行升级。链代码可以在安装后根据具体需求的变化进行升级。
- package：对指定的链码进行打包的操作。
- singnpackage：签名。

第 3 章

虚拟货币

> **主要内容**
>
> 本章从首个虚拟货币比特币的诞生讲起,引入虚拟货币的概念,介绍虚拟货币的主要特点。对于比特币,本章从发行、记账、流通和价值存储四方面介绍了其货币属性,并深入探讨了其与区块链技术的关联。对点对点网络、非对称加密、分布式存储、工作量证明、最长链机制、UTXO 机制等技术进行了介绍。
>
> 此外,本章还按照时间和发展顺序介绍了比特币之后的一些主要的虚拟货币,包括莱特币、狗狗币、瑞波币、泰达币、门罗币、以太坊以及使用智能合约创建的各种代币。

2008 年以来,比特币、以太坊、波场等虚拟货币如雨后春笋般涌现,虚拟货币背后新颖的技术模式和潜在的暴富机会吸引了大批的技术人才和投资者投入其中。经过十多年的发展,虚拟货币市场的规模已经达到了数十亿美元。

虚拟货币的价格极易受到市场因素的影响。以最受欢迎的虚拟货币比特币为例。比特币的英文名称为 Bitcoin,简称为 BTC。2009 年 1 月 3 日,化名为"中本聪"的匿名人士发布了比特币系统并挖出了比特币区块链上的首个"创世"区块，他也获得了最初的 50 个比特币作为奖励，然而那时候比特币还仅仅是区块链上记录的数字，并没有实际的价值。

2010 年 5 月 21 日，佛罗里达程序员 Laszlo Hanyecz 用 10000 个 BTC 购买了价值 25 美元的比萨优惠券，这是公认的首笔用比特币进行的交易，比特币的价值逐渐被使用者接受，比特币市场逐渐开始活跃。在这之后的十多年的时间中，比特币市场经历了几轮起伏，曾在半年的时间内上涨百倍，也曾在几周内下跌 90%。

截止到 2022 年 5 月，比特币价格已经达到了 4 万美元，整个比特币系统已经运行了 13 年，整个社会对于比特币的关注度也急剧上升。本章就以比特币为起点，带领大家进入虚拟货币和区块链的世界。对于刚开始接触虚拟货币和区块链的读者来说，了解比特币有助于更好地了解虚拟货币的发展和区块链的基础思想。

3.1 比特币的诞生

2008 年 9 月 15 日，美国投资银行雷曼兄弟宣布破产，美国次贷危机爆发。为了应对危机，美联储采取超发货币的方式来刺激美国经济。这一做法使得各个国家手中的美元大幅缩水，引发了汇率波动、股市崩盘等一系列问题，金融危机席卷全球。通过这一事件可以看出，中心化的货币发行机构并不是完全可信的，任何中心化的机构都可能存在着信任危机。在此背景下，2008 年 11 月，一篇署名"中本聪"的论文被发表在网络上，其标题为《比特币：一种点对点的电子现金系统》，比特币概念由此被提出。

比特币系统在设计时考虑了两个问题：

一是"点对点的电子现金系统"，人人都可以记账，不需要依赖中心化机构记账，以此解决中心化机构的信任问题；

二是比特币的发行是定量的，解决了传统货币可能会超发导致通货膨胀的问题。

比特币的设计思想使其有两个主要的特性：去中心化和总量固定。

那么什么是去中心化呢？我们可以通过以下几个中心化与去中心化的对比来理解一下其中的差别。

老师在课堂上授课与学术交流就是典型的中心化与去中心化的例子。老师授课是以老师为中心，老师输出知识，学生吸取知识；而学术交流是一种讨论的方式，每个人都是一个中心点。类似地，在内容创作领域也有这样的例子，传统的形式通常都是：报社记者采编新闻，编辑编写内容发表在报纸上，读者通过报纸这个中心化的媒介去获取信息；而在现在这个人人都可以进行创作的时代，每个人都可以通过微博、微信公众号、小红书等内容发布平台去发表自己的想法、创作自己的内容，区别于传统的"报纸"形式，每个人都可以是一个信息源。

比特币的出现也是顺应了时代发展的需求，解决了传统的中心化的货币系统中出现的一些问题。传统的法定货币采用的都是中心化的管理方式，货币由政府控制的中央银行发行，中央银行管控着法定货币流通的各个环节。相比之下，比特币使用区块链技术实现了去中心化的记账方式，可以在不需要中心化机构参与的情况下，安全地实现比特币的发行、流通与记账。作为对各国央行增发货币的回应，比特币货币系统设计了总量固定的特性，比特币的总发行量恒定为2100万枚，每个区块可供矿工挖出的区块链逐渐减少，直到2140年，全部的比特币发行完毕。

了解完比特币的诞生背景和特性，大家可以思考一下，到底什么是比特币？用一句话总结一下比特币的定义：比特币就是一种使用区块链作为底层技术的虚拟货币。作为一种货币，其具有货币的一般属性，而底层的区块链技术又使它与传统货币有着不一样的特点。

3.2 比特币的属性

虽然名为比特"币",但是比特币却并不是一种货币。

目前在全球大多数国家,比特币都未被视为法定货币,因此不具有货币属性。虽然在一些场景中,比特币被用作支付工具,但绝大多数司法管辖区都未将其视为法定货币。

在中国,根据2017年央行等六部委联合发布的《关于防范代币发行融资风险的公告》,比特币被认定为一个"虚拟商品",而不是货币或金融产品。

比特币被认为不是货币的原因有以下几方面的考虑:

首先,法定货币由政府或相关机构发行,受到法律保护,具有法偿性。而比特币没有法定机构支持,没有国际间的一个法定地位和规则,也没有相应的中央银行或政府进行发行和管理。

其次,货币必须具备一定的流通性,能够被广泛接受和使用,而比特币在现实生活中的应用场景非常有限,目前只在部分场所被认可使用。

另外,货币还需要具备一定的稳定性,但比特币价格极度波动,无法稳定价值,因此难以作为长期稳定的价值储藏手段。

最后,货币还需要有复合功能,比如存在流通、支付、储藏等多个方面的需求。而从目前的情况来看,比特币主要被认为是一种高风险的投资品种,并没有大规模应用于日常生活及商品交易中,更多地被视为数字黄金或者数字商品。

综上所述,虽然比特币可以作为某些场景下的交换媒介和支付手段,但由于其缺乏法定地位和制度性框架,存在价格波动大等特点,并没有得到广泛的社会认可和使用,因此通常被视为一种"虚拟商品"或"数字资产",而不是货币。

在中国等司法管辖区中，比特币被视作一种"虚拟商品"，被很多投资者看作数字黄金。与实物商品相比，比特币更具有点对点去中心化的特点，也给许多有创新想法的投资者和新兴行业提供了包括低成本、更安全等新的解决方案，比如利用区块链技术实现价值存储等。但需要强调的是，尽管比特币在一定意义上被视为"商品"，但与其他实物商品还存在很大的差异，并不可以将其简单等同于传统的商品概念。

3.2.1 比特币的发行

在这里先介绍两个概念，上文提到比特币采用去中心化记账方式，人人都可以记账，同时记账的人会得到一定的奖励。这个争夺记账权、记账并获得奖励的过程很像人们开采矿石的过程。所以人们就做了一个形象的比喻，把记账的过程比喻成挖矿，把竞争挖矿的人或组织，叫作矿工。

之所以讲解挖矿和矿工的概念，是因为比特币就是以给矿工提供挖矿奖励方式进行发行的，并且发行总量固定为2100万。比特币每次发币的数量不是随时间一直恒定的，矿工每次挖矿得到的比特币数量大约每四年减少一半。2009年1月每个区块奖励50个比特币，到2012年11月减半为每个区块奖励25个比特币。之后在2016年7月再次减半为每个新区块奖励12.5个比特币。直到2140年，所有的比特币全部发行完毕，就不会再产生新的比特币了。

3.2.2 比特币的记账

在讲解比特币发行时曾提到，比特币网络中每个节点都有记账权并且矿工记账会得到奖励，所以矿工们就会竞争记账。那以谁记的账为准呢？比特币系统很好地解决了这个问题。我们可以想象一下：比特币网络中每10分钟有一道数学题产生，哪个矿工最先计算出正确答案,哪个矿工就获得了本轮的记账权力。他记录的本页账单,大家都要以此为准,紧接着,其他矿工在这一页账单的基础上,争夺下一页账单的记账权。矿工按照一页一页也就是一个区块一个区块的方式进行记账,比特币区块链就是比特币的账本。矿工们在记账成功后会得到两种类型的奖励:新区块奖励和区块中所含交易的交易费。

3.2.3 比特币的流通

比特币的流通也就是比特币的交易过程,其实比特币的交易过程与我们生活中使用手机 App 转账的过程类似。使用手机转账需要知道对方的银行卡号就可以,同样在比特币的交易过程中,只需要知道对方的比特币地址就可以进行转账交易。比特币地址是一个由数字和字母组成的字符串,长度 26 位至 34 位不等,我们可以简单地将其理解为银行卡号,发送资产需要知道对方的地址,接收资产则需要给对方提供地址。不同的加密货币的地址格式不同,BTC 的地址有 3 种不同的开头,1、3 和 bc1。3 种比特币的地址格式如下:

- BTC:3LVdMohX9TmF4T2pKujS9s5HmKsr3NY6su
- BTC:17APcwDBUYrgXKwMqYH6RsGkiRmhiQ7Ez3
- BTC:bc1ql6455v9dezg4dha8sewshk50t2a3tducrxq8d4

有了地址后,想要进行比特币交易还需要一个与手机银行 App 类似的软件来完成转账的操作,这就是钱包。在手机上运行的数字钱包可以理解是一个应用程序,专门为用户提供交互界面、控制访问权限、管理私钥和地址、跟踪余额以及创建和签名交易等。下面详细介绍一下比特币的转账过程。

第一步,需要登录钱包,要求资金的接收方提供他的钱包地址;

第二步,要选择从自己哪个比特币地址转币给对方;

第三步，填写资金接收方的比特币钱包地址，写入转账金额，然后设置交易手续费金额，输入支付密码，将交易请求提交给比特币网络，然后就可以等矿工们来打包处理了。

和我们使用银行转账的不同之处是，钱包的使用者可以自己选择转账手续费的多少，甚至可以选择不给转账手续费。但是这样的话，这笔交易可能不会被矿工记录在区块中，或者是要等很长时间才能被矿工记账确认。

3.2.4 比特币的价值存储

贵金属、美元以及政府债券属于传统的价值存储方式，比特币作为一种"数字黄金"，也同样可以作为价值存储工具。它具备以下一些优点：

耐用性：只要比特币区块链网络中有节点运行，比特币就100%持久耐用。实际上，比特币不会像纸质现金一样被破坏，耐用性优于法定货币和贵金属。

便携性：比特币是一种数字货币，只需联网并持有私钥，即可随时随地存取比特币资产。

可分割性：每枚比特币都可以分为1亿个聪（satoshi），用户可以进行任意规模的交易。

可互换性：每枚比特币或每个聪均可以与同类资产互换。这一属性也推动了比特币成为全球范围内的价值交换媒介。

稀缺性：比特币的供应量限制在2100万枚，并且其中的数百万枚已经永久丢失。比特币的供应量远低于通货膨胀的法定货币，后者的供应量将随时间推移而增加。

可接受性：虽然比特币在某些国家的法律地位仍不确定，但全球多个国家以及很多个人都已经接受了比特币作为支付方式。

3.3 比特币区块链

比特币区块链具有去中心化、不可篡改和不可伪造的特点。这些特点是通过哪些技术来保证的呢？非对称加密技术和分布式存储保证了比特币的去中心化；最长链机制和工作量证明使得账本数据不可篡改、不可伪造；UTXO（未花费交易输出）机制则可以追溯链上所有的交易。接下来我们将一一介绍这些技术。

3.3.1 点对点网络

比特币区块链使用了点对点（P2P）网络作为底层网络架构。我们首先来了解一下什么是点对点网络，然后再看一下为什么使用点对点网络作为比特币区块链的底层网络架构。

在讲解点对点网络之前，先来说说节点的概念。在电信网络中，一个节点指的是一个通信端点，是一个能够发送、接收或转发信息的物理设备。计算机是最常见的节点，通常称为计算机节点或互联网节点。

点对点网络通过系统间的直接交换达成计算机资源与信息的共享，其依赖网络中参与者的计算能力和带宽，而不是把带宽和计算能力都集中在少数几台服务器上。在点对点网络中，节点通过共享他们拥有的一部分资源来共同提供网络服务，并可以被其他节点直接访问而无须经过中间实体。

在比特币区块链系统中，节点共同维护区块链数据，保证了区块链系统的去中心化和可靠性。而区块链节点的分布式、自治性、开放性，本身也需要基于去中心化的点对点网络来实现。

3.3.2 非对称加密

在比特币区块链系统内，比特币交易过程的信任机制主要是通过非对称加密技术完成的。非对称加密技术保证了比特币系统中交易信息的安全性，实现了比特币系统的去中心化。非对称加密技术在区块链的应用场景主要包括信息加密、数字签名等。

对称加密指的是加密和解密使用同一个密钥，称为对称密钥；非对称加解密算法在加密和解密时，用的是不同的密钥，分别称为公钥和私钥。如果用公开密钥对数据进行加密，只有用对应的私有密钥才能解密；如果用私有密钥对数据进行加密，那么只有用对应的公开密钥才能解密。简单来说：公钥加密，私钥解密；私钥签名，公钥验签。

由交易发送者 A 使用接受者 B 的公钥对信息加密后，再发送给 B，B 利用自己的私钥可对信息解密，从而实现了信息加密。由发送者 A 采用自己的私钥创建数字签名后发送给 B，B 使用 A 的公钥对数字签名信息解密，从而可确保信息是由 A 发送的。

一个典型的非对称加密通信流程是：

①A 要向 B 发送信息，A 和 B 都要产生一对用于加密和解密的公钥和私钥。

②A 的私钥保密，A 的公钥告诉 B；B 的私钥保密，B 的公钥告诉 A。

③A 要给 B 发送信息时，A 用 B 的公钥加密信息，因为 A 知道 B 的公钥。

④A 将这个消息发给 B（已经用 B 的公钥加密消息）。

⑤B 收到这个消息后，用自己的私钥解密 A 的消息。其他所有收到这个消息的人都无法解密，因为只有 B 才有 B 的私钥。

这种非对称的加密方式，增强了点对点交易的安全性。对称加密双方使用相同的秘钥，如果一方的密钥遭泄露，那么整个通信就会被破解。而非对称加密使用一对秘钥，一个用来加密，一个用来解密，而且公钥是公开的，秘钥是自己保存的，在通信前不需要先同步密钥，避免了在同步私钥过程中被黑客盗取信息的风险。

3.3.3 分布式存储

比特币区块链是一个去中心化的系统,其通过分布式节点的存储资源,对全网全节点进行存储同步,并通过相应的共识技术保证节点对存储内容更改的有效性,以维护一个完整的可查找的账本。

传统的网络服务系统大多为中心化存储,数据存储在传统的中心化服务器中。如果服务器出现宕机或者故障,或者服务器停止运营,则很多用户数据就会丢失。如我们在微博上发布的文章、在小红书上上传的视频等等,这些都是中心化的存储。很多用户会把文字、图片等数字内容存储在网络上,但是当中心化的服务器停止服务时,点击此前存储数字内容的链接就会提示 404 错误,这表示存储的东西已经不见了。区块链的分布式存储可靠性更高,避免了中心化存储单点故障的问题。这也是比特币区块链实现去中心化的基础。

3.3.4 工作量证明

在比特币网络中,任意一个节点都有进行记账的权利,但是其记账的结果一定要得到其他参与者的认可,那么通过什么样的方式来让大家认可呢?前文也有提到,区块链系统通过共识机制保证了节点记账操作的有效性。那什么是共识?比特币系统采用了什么共识机制呢?

共识是指达成普遍协议的过程。举例来说,如果 5 个人相约出去玩,其中 3 个人都同意去公园,那么就可以说是达成了共识,即不同的人对同一件事情达成了一样的或者至少说方向一致的看法。这个解释同样适用于比特币网络。在区块链当中,每个节点都是平等的,没有一个中心化的机构存在,因此这时候就需要通过共识机制来达成节点间的一致。

比特币系统采用了工作量证明这种共识机制。工作量证明（Proof Of Work，POW），就是用来确认你做过一定量的工作的一份证明。通常监测工作过程是极为低效的，而通过对工作的结果的认证来证明完成了相应的工作量，则是一种非常高效的方式。POW属于按劳分配，多劳多得，就如同所有节点在比特币系统中一起进行数学运算，最先运算出的才能获得奖励。就像现实生活中的毕业证、驾驶证等，都是通过检验结果的方式所取得的证明。比特币区块链的工作量证明，可以理解为由系统给出一个难题，让节点们各自通过计算来解决这个难题。凡是声称解决出难题的节点，都要把自己的答案交由其他节点进行验证，最终选出优胜者，这样他的记账就得到了大家的认可。

比特币网络之所以需要共识机制，是因为这是一个非基于信任（non-trust-based）的网络，任何人无须许可都可以接入这个网络，并且这些节点分散在网络条件差异非常大的全球互联网之中。在完全去中心的情况下，这些节点需要达到步调一致，共识机制就是帮助这些节点达成一致的机制。

3.3.5 最长链机制

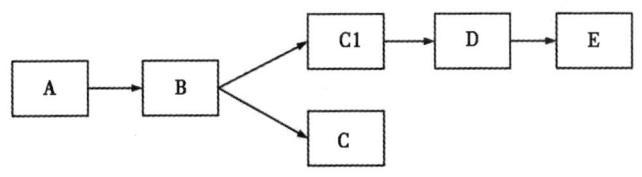

图 3-1　矿工总是选择最长的链进行记账

上文提到，矿工在争夺记账权的时候，系统会抛出一道数学题，谁先计算出这道题，谁就拥有记账权。但是有的时候会出现巧合，几个矿工在同一时间或者在相继很短的时间内可能会生成两个同样高度的区块，就像图 3-1 一样，在区块 B 后出现了 C1 区块和 C2 区块。那么此时以哪个的区块为准呢？

为了解决上面的情况，比特币使用了最长链原则，即最长的那个分支总是被多数人承认。比特币区块是依靠矿工们不断进行数学运算而产生的，每一个区块都必须引用其上一个区块，因此最长的链也是最难以推翻和篡改的。如果这时候有人想把某个区块高度上某个交易信息进行修改，他需要做什么呢？他需要从这个区块开始把之后所有的区块都重新计算一遍，再把账本同步给其他人。而在他进行计算的同时，其他矿工已经在原来的链上继续往前进行计算了。所以最长链机制也保证了比特币区块链难以被篡改。

3.3.6 UTXO 机制

虽然我们常把比特币系统和银行账户相类比，但是和银行账户不同的是，在比特币系统中没有账户余额的概念。比特币交易的基本单位是一个未花费的输出（UTXO）。比特币的余额是比特币钱包通过扫描区块链并聚合所有属于该用户的 UTXO 计算出该用户余额的。

前面我们提到过，比特币的最小单位是聪，一个 UTXO 的数值可以是 1 聪的任意倍。虽然如此，UTXO 一旦被创造出来就不能被拆分，就像是用 10 元纸币购买 5 元的商品，我们不能将 10 元纸币撕成一半支付，而是支付 10 元，并得到 5 元的找零。

由于 UTXO 不可分割，所以当一笔交易中的输入支付完矿工费还大于输出金额时就会产生找零。比特币钱包可以自动通过组合若干 UTXO 来准确支付和找零。交易中被消耗的 UTXO 被称为交易输入，交易中新被创建的 UTXO 称为交易输出。通过不断在交易链中消耗和创建 UTXO，比特币实现了在不同所有者之间的转移。一笔比特币交易通过使用所有者的签名来解锁 UTXO，通过新的使用者的比特币地址来锁定并创建 UTXO。

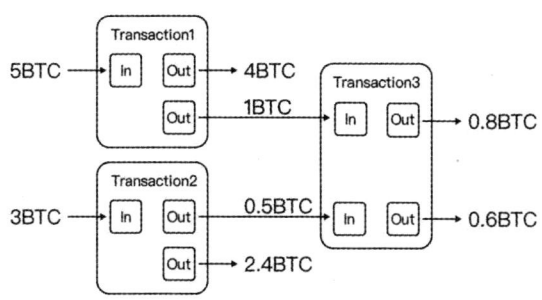

图 3-2　UTXO 机制示例

如图 3-2 所示，比特币交易中可以有多个输入（In），也可以有多个输出（Out），但是每一笔交易的输入一定来自另一笔交易的输出。每个输入和输出都是一个单独的 UTXO。如果要转账的金额小于现有地址中的 UTXO 金额，则会将输入的 UTXO 拆分为两个，一个为需要转出的金额转给接收方，另一个作为找零转入另一个自己控制的地址，如图示中左侧的两笔交易；如果要转账的金额大于现有地址中的 UTXO 金额，则会选取多个 UTXO，使其总金额大于等于需要转账的金额，将多个输入 UTXO 合并拆分为转账金额转出，多余的金额同样作为找零转为自己控制的地址，如图示中右侧的两笔交易。

需要注意的是，由于交易中需要支付手续费，所以总输出的金额之和一般是小于总输入的金额。

由此可以看到，在比特币的 UTXO 机制中，比特币并不是凭空产生的，而是通过前人的交易得来的，前人的比特币又是通过更早的交易获取的。这样便可以不断向前回溯，直到找到挖矿产生该笔比特币的交易。

由于比特币使用 UTXO 模式，所以比特币的交易形式并不都是 1 对 1 的，常见的交易形式有：一对一、一对多、多对一和多对多。

3.4 虚拟货币的发展

在比特币诞生之后的十多年的时间里，虚拟货币行业经历了从无到有的发展。在行业发展早期，人们经常把虚拟货币、加密货币和数字货币混用，这三种说法有时都可以指代基于区块链技术和加密算法的数字货币，但是其各自的含义还是有着明显区别的。

数字货币是所有电子货币的总称，从定义上看包括了虚拟货币和加密货币。数字货币由数据生成，以电子形式存在，具有货币的功能，可以用来交易，因此具有一定的价值。

从技术上讲，数字货币是可以基于区块链的，比如比特币；也是可以不依赖于区块链的，比如由央行发行的央行数字货币。

广义的虚拟货币是指数字化的、在特定的虚拟环境中被特定的用户使用和接受的数字货币，由腾讯公司发行管理的 Q 币、网络游戏中的点卡、购物平台上的积分等，从这种意义上说，都属于广义的虚拟货币的范畴。

狭义的虚拟货币特指加密货币。加密货币中的"加密"指使用加密算法和加密技术来确保整个网络的安全性，加密货币一定是基于区块链网络的，通过使用私钥和公钥相结合的方式来实现点对点交易。

和 Q 币、网站积分等中心化的虚拟货币不同，加密货币的发行方无法对货币的价值、用处和使用方式进行控制，是一种去中心化的数字货币。加密机制保证了加密货币会掌握在使用者手中，发行方或系统运营方难以对使用者手中的加密货币做任何更改。

我们现在在区块链领域中提到的虚拟货币，一般来说就是指加密货币。

3.4.1 比特币市场的发展

比特币在诞生之初，只有一些密码爱好者和计算机极客参与挖矿，比特币就和一些论坛上的积分一样，没有实际价值，只是区块链上的一些数字。

由于比特币挖矿需要消耗能源，因此比特币最早的价值计算依据是产生一枚比特币所需要消耗的电量。根据这一标准，2009年10月，第一个公布的比特币汇率为1美元兑换1309.03个比特币。

2010年5月，1万枚比特币被用来交易价值25美元的比萨券，这也诞生了比特币第一个通过实际交易产生的汇率：0.25美分/比特币。

两个月后，比特币客户端发布的消息被新闻网站 Slashdot 报道，这为比特币带来了大量的新用户，此后5天比特币的价格涨至0.08美元。随着《时代周刊》《福布斯》等主流媒体的关注，比特币的价格也一路飙升。

不过好景不长，2011年6月19日，主要比特币交易所 MT.Gox 遭黑客攻击，比特币的价格从17.51美元跌至0.01美元。此后的半年中，多家比特币交易平台被黑，安全问题成为笼罩在加密领域最大的一片乌云。

2012年，比特币市场慢慢复苏，陆续有商品和服务商接受使用比特币支付。2013年随着大量中国投资者的涌入，比特币的价格突破100美元。

2013年12月5日，中国央行发布通告，禁止中国的银行和支付机构直接或间接参与比特币的兑换交易。不过中国公民依然可以将比特币作为一种商品自由交易。

2014年至2016年，比特币的价格先跌后涨。这三年中，

MT. Gox 交易所再次遭到黑客攻击并最终破产,与此同时,越来越多的企业开始接受比特币支付,红杉、软银等多家投资机构也都在比特币行业开始布局。

2017年,随着大量投机者和机构投资者的涌入、市场接受度的提升以及技术升级带来的消息面刺激,比特币市场进入了疯狂的牛市。但在投资白热化之后泡沫破裂,2017年12月,比特币价格达到高点之后迅速回落,进入了超过一年的熊市期。

2019年上半年,比特币的价格开始回暖,随着加密货币被越来越多的人接受和认可,比特币也进入了一些上市公司的资产负债表中,比特币的价格在2021年迎来爆发,接连创下历史新高。

3.4.2 比特币的进化与分叉

从技术层面上看,现在的比特币软件和协议和2009年相比已有了很多不同,除了对一些问题进行必要的修改外,最重要的是提升比特币网络处理交易的性能。

比特币区块链上平均每10分钟新增一个区块,因此想要提高性能就只能从区块上做文章,要么增加区块的大小,要么减少每个交易的大小,最终都要达到增加区块可容纳的交易数量的目的。

针对不同的处理思路,开发人员也提出了不同的技术实现方案,一种是将比特币区块大小由1M增加到2M、8M甚至32M,另一种是使用隔离见证的方式增加区块中的交易数量。

比特币软件的升级通常有两种方式:一种被称为软分叉,在升级完成后旧的软件仍然可以使用,节点仍然可以继续使用旧版本的软件检验、增加区块;另一种被称为硬分叉,新软件和旧软件完全不兼容,使用新、旧软件的节点如果同时"挖矿",就会使得原有的比特币区块链一分为二,双方各自在其中一条区块链上增加区块,从而形成一种新的虚拟货币。

由于比特币社区未能在比特币网络扩容方案方面达成共识,

支持不同解决方案的开发人员和矿工也选择了硬分叉的方式来处理这一分歧。

2017年8月1日,比特大陆投资的矿池ViaBTC团队,采用比特大陆提出的硬分叉方案挖出了第一个区块,对比特币区块链进行了硬分叉。自此,与比特币竞争的分叉币比特币现金(Bitcoin-Cash)诞生。比特币现金区块链的区块容量达到了8MB,且没有采用隔离见证方案。

2018年11月15日,比特币现金的区块链也遭遇硬分叉,新的硬分叉方案恢复了被中本聪禁用的四个比特币操作符,并将比特币区块大小增加到128M,这也导致了中本聪愿景比特币(BitcoinSatoshiVision)的诞生。

在虚拟货币的发展历史上,分叉是一种很常见的现象,当社区内存在无法调和的分歧时,矿工们则会使用自己的算力"投票",去支持实施自己认可的技术解决方案的区块链和虚拟货币。

3.4.3 莱特币(Litecoin)

在比特币取得初步成功之后,很多开发者和投机者纷纷效仿。由于比特币作为一个开源项目其代码都是公开的,所以很多模仿者纷纷直接照搬或者略加修改比特币的代码便将其作为一种新的虚拟货币发行。

当时恰逢国内的"山寨手机"流行,"山寨"成了当时的流行语,因此这些模仿比特币的虚拟货币也被戏称为"山寨币"。在这些成千上万的"山寨币"中,最终能够存活至今且仍有一定影响力的,只剩下了莱特币和狗狗币。

莱特币是一种受比特币的启发而产生的加密货币,诞生于2011年11月9日,创始人是李启威,他是比特币中国联合创始人李启元的弟弟。

莱特币旨在改进比特币,与比特币相比,莱特币有三点明显不同。首先，莱特币网络每2.5分钟（而不是10分钟）就可以处理一个区块，因此可以提供更快的交易性能。其次，莱特币的总数为8400万枚，是比特币总发行量的四倍。此外莱特币还使用了新的Scrypt加密算法，其相比于比特币在普通计算机上进行挖矿更加容易。

莱特币在2013年迎来爆发，当时比特币价格的暴涨使得大量资金进入虚拟货币行业，而比特币矿机的诞生使得大量显卡算力需要寻求新的币种挖矿。加之莱特币社区将比特币比作金币、将自己比作银币，这都吸引了投资者和矿工的关注。

2013年10月至12月，莱特币的价格突然从2美元暴涨到30多美元，进入主流虚拟货币的行列。

3.4.4 狗狗币（Dogecoin）

相比于莱特币，诞生于2013年12月8日的狗狗币的发展经历则更为神奇。这一虚拟货币来自互联网上的一个玩笑。Adobe公司悉尼市场部门的市场营销专家Jackson Palmer和来自美国波特兰的程序员Billy Markus在看到推特上爆红的秋田犬图片后突发奇想，决定发行一种用于打赏小费的加密货币。经过一周的代码开发工作，狗狗币就此诞生，由于最大发行量是1000亿枚，所以狗狗币的价格极低。

在Reddit社区用户的推波助澜之下，狗狗币有了专门的博客、论坛，加上埃隆·马斯克等有影响力的名人的力挺，其市值一度成为全球前十的虚拟货币。

狗狗币的成功有多方面的因素：在技术层面上，其采取了和莱特币一样的加密算法，参与者的挖矿门槛不高，并且在推出后不久采取了和莱特币联合挖矿的方式，莱特币的矿工在挖矿时也可以得到狗狗币。在用户层面上，狗狗币的发展离不开互联网原住民的推波助澜，他们在互联网时代长大，他们正急切地在主流人群中发出自己的声音。在文化层面上，狗狗币还受益于美国的"小费"文化，人们在互联网上看到了一个不错的段子时，通常也会愿意通过虚拟货币给些小费。在小费文化盛行的美国，这种事情很容易得到认同。但比特币太贵了，所以更便宜的狗狗币受到了欢迎。

3.4.5 瑞波币（XRP）

在山寨币一拥而上模仿比特币疯狂发币的时候，也有一些项目着眼于使用区块链技术和虚拟货币解决现实金融系统中的问题，瑞波（Ripple）就是其中的典型代表。

从启动时间上看，瑞波是一个早于比特币的项目。2004年，瑞波支付协议RipplePay诞生，最初只把自己定位于一个使用在熟人之间的支付系统。2013年，公司正式更名为瑞波，开始进入跨国汇款领域，并引入了网关和瑞波币这两个重要的工具。

在传统的跨境支付领域，主导者是SWIFT（世界银行同业电信协会）体系。SWIFT成立于20世纪70年代，是目前国际银行间跨境结算的主要服务商。由于不同银行间缺乏标准化的支付操作方法，大部分转账仍只能通过SWIFT协议进行。但是，这一跨境支付系统效率低下、成本高昂、可靠性差，并且由于牵涉较多利益相关方和责任归属问题，所以难以进行系统性的创新和改革。

瑞波构建了一个没有中央节点的数字支付网络，为银行等传统金融机构提供基础性的解决方案。简单来说，传统的金融机构只需要将当地法币转换成XRP，再由另一方金融机构将收到的XRP转换成该国法币付给收款人，这样就可以快速、高效、低成本地实现资金的跨境流动。

3.4.6 泰达币（USDTether）

自诞生至今，虚拟货币一直都以其极大的价格波动性著称，会在一夜之间上涨数倍，也会在几分钟内下跌超过90%。

如此大的价格波动实际上限制了虚拟货币在更多领域的应用。中本聪在最初设计比特币的时候，希望比特币能够作为一个有效的支付媒介，但是价格的波动成了使用比特币进行支付的障碍，使用比特币进行定价的商品必须要不断调整自己的价格，支付或接收比特币的人也可能会由于比特币价格的波动蒙受损失。

对于虚拟货币的交易者也是如此，交易所在处理法定货币充提方面的低效往往会使投资者在市场的大起大落中错过最好的交易机会。这都催生了对价格稳定的虚拟货币的需求。

使用最为广泛的稳定币是泰达币，其价值锚定美元，1枚泰达币的价值永远等于1美元。泰达币最早发行于比特币区块链上，后来又在以太坊等其他区块链上发行。泰达币的价值由发行者银行账户中的法定货币支持。

和其他虚拟货币不同，泰达币其实是一种中心化的虚拟货币，背后的发行者泰达公司控制着泰达币的发行和赎回，并且还可以通过黑名单机制冻结某些地址上的泰达币。

随着区块链技术和虚拟货币行业的发展，又陆续出现了USDC等其他法定货币抵押的稳定币，以及一些使用虚拟货币抵押的稳定币和去中心化的算法稳定币，但是目前泰达币仍然是交易量最大的、流动性最好、使用率最高的稳定币。

3.4.7 门罗币（Monero）

隐私性一直是虚拟货币的开发者和使用者所追求的，虽然在比特币的区块链网络上，所有交易都是在数字和字母组成的地址之间进行的，无法直接找到某个具体地址的实际控制者。但是当使用虚拟货币和中心化的平台交互或者用来支付购买某些现实生活中的商品和服务时，虚拟货币的链上地址就可以和现实中的个人建立起关联。特别是比特币等虚拟货币的所有链上交易记录都是可以追溯的，一旦确定某个地址的实际控制者，那么这个人的所有链上交易操作也都会被一览无余。

为了提高链上交易的隐私性，一些以隐私、匿名为特性的虚拟货币也应运而生，这类虚拟货币的核心理念是提高虚拟货币的隐私性，使链上交易分析使用者身份和资金走向变得困难，其中最有代表性的就是门罗币。

门罗币通过编码交易来隐藏地址和传输数量，其中还包含了用于混淆的错误编码以保护真实的交易信息。门罗币使用了环签名、一次性地址等方式来保护使用者的隐私。

在虚拟货币领域中，其他隐私币还包括达世币（Dash）和大零币（Zcash）。这些注重匿名、隐私特性的虚拟货币总是面临争议。这类隐私币虽然提高了虚拟货币使用者的隐私性，但是也被不法分子利用来进行非法交易，使得执法机构对他们的治理变得更加困难。

3.4.8 以太坊（Ethereum）

以太坊的出现对于加密货币和区块链发展来说都有划时代的意义，如果说比特币开启了区块链1.0时代的话，那么以太坊则是打开了区块链2.0时代的大门。

比特币虽然完美实现了一个去中心化的货币和支付系统，但是缺乏足够的可扩展性；其比特币脚本等虽然可以在交易中执行某些指令，但是只能实现相当有限的功能。

以太坊旨在将自己打造为构建在区块链之上的"世界的计算机"，通过智能合约（Smart Contract）为开发者们提供使用区块链解决各种现实问题的工具。具体地说，以太坊是一个可编程的区块链，它不仅为用户提供了一些预定义操作，还允许用户创建属于自己的复杂操作。

智能合约是一段部署在区块链上的代码，一旦某个事件触发合约中的条款，代码就会自动执行。通俗地说，智能合约是一份基于密码学和区块链技术的数字合同，与传统的纸质合同的差异就像是自动售货器和售货员。合同的执行不再依赖于人工，而是依靠区块链上的代码。

举个简单的例子：

假设甲向乙借了一大笔钱，虽然打了白纸黑字的借条，但是到期后，甲仍以各种理由拒绝还款，此时乙想要拿回借款只能起诉，或是耗费精力去处理抵押物。

智能合约就能解决这种问题，乙先将贷款金额预先存入智能合约，这样当甲符合合约条款的担保资产存入智能合约时，贷款将自动转给甲。如果甲能够在约定的还款期限内将本金和利息存入智能合约，则可以取回智能合约中的抵押资产。

以太坊的智能合约功能在推出之初就受到了开发者的欢迎，以太坊生态得以蓬勃发展，特别是在支持 ERC-20 标准之后，项目方发行虚拟货币的流程得以简化，成本也大大降低，这在一定程度上推动了 2017 年加密市场的牛市。

2020 年后，去中心化金融（DeFi）、非同质代币（NFT）等领域先后爆发，以太坊在区块链行业中的核心地位得以巩固，但是自身的一些问题也得以暴露，比如网络拥堵、手续费高等。为了解决这些问题，以太坊 2.0 也在紧锣密鼓地推进当中，这也将成为以太坊应对币安链、波场链等其他竞争公链的竞争的重要升级。

3.4.9 代币（Token）

在以太坊之前，想要发行一种新的虚拟货币，大多数情况下需要建立一个新的区块链，除了需要设计协议、开发节点软件之外，还需要吸引更多的"矿工"来自己的区块链上"挖矿"，构建自身的应用生态。

以太坊的出现大大降低了虚拟货币发行方面的门槛，通过使用智能合约以及标准化的协议，开发者只需要上传百行左右的代码就可以完成代币的发行。发行在以太坊上的代币可以同以太坊区块链上的其他智能合约进行交互，同时又壮大了以太坊的生态。

根据应用场景的不同，发行在以太坊上的代币几乎可以代表任何东西，从在线平台的忠实度积分，到去中心化金融领域的虚拟资产。而这一切都是通过ERC-20协议标准实现的。

ERC-20是以太坊区块链上的一种智能合约协议标准，由以太坊联合创始人之一VitalikButerin于2015年6月提出。该标准允许开发者在以太坊区块链网络上开发属于自己的代币，定义了开发者可以按照标准要求使用一些简单的功能，包括：设定代币名称、设定代币总量、规定小数点位数、规范如何批准代币交易、如何访问数据、允许查看各地址中ERC-20代币数目以及代币总量、一定条件下允许第三方账户使用某账户中的代币资产、允许代币和兼容ETH的智能合约及钱包服务等第三方个体兼容，以及一些简单的函数功能等。

代币只有按照ERC-20标准开发才能被各种以太坊钱包、地址、智能合约兼容。ERC-20标准在上线实施之后得到了社区的欢迎，截至2022年5月，以太坊区块链上的ERC-20代币的数量已经超过50万种。

但是，ERC-20协议也打开了"潘多拉的魔盒"，虚拟货币发行门槛的降低为投机分子和不法分子提供了可乘之机，通过发行代币募集资金（ICO）的方式一度在虚拟货币领域内极度盛行，很多投资者的真金白银被不法分子发行的没有任何价值的"空气币""垃圾币"换走。这也使得ICO在全球多个国家遭到禁止或严格监管。

第4章

虚拟货币生态

> **主要内容**
>
> 本章对目前虚拟货币领域中的各种生态进行了细致的介绍，从最为基础的公链开始，到挖矿、交易所等虚拟货币生态中的核心产业，再到项目方、投资者等虚拟货币市场中的主要参与者，以及钱包、数据服务等虚拟货币生态中的重要应用领域。
>
> 此外，虚拟货币行业也是一个技术发展迭代非常迅速的领域，因此本章也对DeFi、NFT、链游、元宇宙等业内最新的技术概念进行了介绍。

在比特币诞生之后，随着各种虚拟货币和区块链项目的涌现，一个完整的虚拟货币生态逐渐成形，如今这个生态的规模已经达到了数万亿美元之多，并且规模仍在继续扩大。

4.1 公链

如前所述，公链也称作公有链，通常被大家认可为真正可以去中心化。公有链上通过共识决定哪个区块最终可以被加到链上，任何人都可以参与共识过程。我们在前文中提到的比特币、以太坊等区块链都是公链。

在公有链上，各个节点均可自由加入和退出网络，并参加链上数据的读写，而且网络中不存在任何中心化的服务端节点。公有链通过密码学数字签名保证交易不可篡改，也通过密码学验证交易信息以及对节点进行激励。

4.1.1 公链的评价指标

公链是区块链行业最重要的基础设施，那么我们要从哪些角度来评价一个公链呢？

共识机制：区块链项目中主流的共识算法包括工作量证明（PoW）、权益证明（PoS）、委托权益证明（DPoS）、混合证明机制等。PoW共识机制由算力决定记账权；PoS共识机制由持币数以及持有的时间来决定记账权；DPoS共识机制是一种基于投票选举的共识算法。

激励机制：可以鼓励节点参与到维护区块链系统安全运行中来，防止恶意节点对总账本进行篡改，是维持区块链网络长期运行的动力。我们经常说的矿工挖矿奖励就是一种激励机制，只是对于不同共识机制的区块链，获取奖励的方式有所不同。

性能：公链的性能主要指区块链处理交易的速度。以比特币为例，其平均每秒能处理的交易数量为7~8个，远远不能满足实时支付的需求，这也成为影响比特币大规模应用的重要阻碍。在比特币之后的一些区块链都在通过各种技术手段提升自身的处理能力，性能已经相比于比特币有很大提升。

费用：区块链的使用者在进行转账等交易时，需要向处理交易的节点支付手续费。当有多个交易需要处理的时候，节点一般会优先处理手续费高的交易。以以太坊为例，当某些基于以太坊的去中心化应用的使用量增多时，就会发生网络拥堵的情况，随之而来的就是交易手续费的飙升。

生态：公链生态主要指公链上去中心化应用和使用者的数量。

对于去中心化应用的开发者来说，他们自然希望有更多的用户使用自己的应用，他们在开发项目时会选择生态成熟、使用人数多的区块链，这样也会使得自己的应用有更多的潜在使用者。

兼容性：由于现在公链的增多，开发人员可能需要为不同的公链编写不同的代码，因此软件和系统的兼容性也是评价公链的一个因素。例如有些区块链在设计上和以太坊兼容，开发人员的同一套代码可以在多个公链上部署，节省了移植的工作量。

4.1.2 公链应用的发展趋势

目前公链领域百花齐放，旨在解决老一代公链的性能瓶颈，币安智能链、Solana、波卡等公链都是中生代公链的代表，此外还有一些项目则是在二层、跨链、侧链等领域寻求创新。

在共识机制方面，工作量证明机制由于在竞争挖矿的过程中需要消耗很多电力，会造成极大的能源浪费，因此以太坊等公链正在逐渐从工作量证明转换到权益证明等共识方式。

此外，随着区块链领域应用场景数量的增多和模式的复杂化，针对非同质化代币、链游等特定应用类型的专用公链也将应运而生。

4.1.3 新一代公链

随着区块链上虚拟货币交易和去中心化应用使用频次的增多，比特币、以太坊等老一代区块链的性能劣势也凸显了出来，一些处理能力更强并各具特色的新一代公链也崭露头角。

（1）币安智能链

币安智能链（Binance Smart Chain）是完全兼容 EVM（Ethereum Virtual Machine）的区块链，可以支持所有现行以太坊工具，包括 Metamask、Remix、Truffle 等。以太坊开发者可以使用大多数现有以太坊开发者工具来开发 DeFi 应用，现有 DeFi 智能合约完全不需要或只需极少修改即可轻松接入币安智能链,将会大幅降低项目开发成本,让项目得以在多种区块链上运行。

币安智能链由于兼容以太坊智能合约、性能优越、交易费用相对较低,因此很多项目发行方会选择币安智能链发行自己的项目。

(2) 波场链

波场(TRON)成立于 2017 年,是基于区块链的开源去中心化内容协议。通过区块链与分布式存储技术,构建一个全球范围内的内容娱乐体系。在这个生态中,每位用户都能够自由发布、存储和拥有数据,并通过去中心化的自治形式,以数字资产发行、流通、交易的方式决定内容的分发、订阅和推送。

波场采用 DPoS 共识机制,性能远高于其他公链,但相对来说去中心化程度低,安全性差。不过极为低廉的交易费用同样吸引了很多用户和项目方的喜爱。

(3) EOS

EOS(EOSIO)是一个由其创始团队 block.one 开发的一个平台软件,它构建一个区块链底层的技术架构,类似区块链中的操作系统,使得更多的开发者能够基于 EOSIO 平台快速方便地构建分布式应用软件(dapp)。EOS 是区块链中的基础平台,其有非常大的扩展性,能够提供账户身份认证、数据库、异步通信等程序调用和并行计算,是一个以商用为目的的区块链平台,具有低延迟和免费交易费用。而 EOS 通证则是 EOS 平台中的价值载体,是获取网络资源、用户进行投票等行为的重要工具,串联起了 EOS 生态中的各个角色。

(4) Solana

Solana(SOL)是一个高性能底层公链,同时也是一个开源项目。Solana 基金会位于瑞士日内瓦,负责着这个项目当前的维护。

Solana 由前高通、英特尔以及 Dropbox 工程师于 2017 年末创立，是一个单层区块链，采用委托权益证明协议。同时其具备的可扩展、去中心化和成本低三大优势是该公链项目的主要特点。

4.2 虚拟货币挖矿

在区块链和虚拟货币领域，"挖矿"是指通过计算机或特定计算设备运行区块链应用程序，执行特定的区块链算法获得虚拟货币（如比特币、莱特币、以太坊）奖励的过程。

在区块链网络中，由节点负责在链上添加区块，每个节点都有机会竞争去添加区块并获得区块奖励以及该区块中的交易的交易费。虚拟货币挖矿的本质就是不同的节点之间竞争打包交易添加区块的权力。在虚拟货币生态中，挖矿是最为基础的一个领域，因为挖矿节点的数量和算力直接决定了区块链的安全程度和去中心化程度。

不过随着区块链技术的发展和新模式的出现，虚拟货币"挖矿"的含义也在发生变化，可以用来获取新的虚拟货币的方式都可以被称为"挖矿"，比如为资金池提供流动性的流动性挖矿、通过质押虚拟货币获得收益的质押挖矿等。

4.2.1 矿机

矿机是指通过运行大量运算争夺记账权从而获得区块链代币奖励的专业设备，一般由挖矿芯片、散热片、风扇、电源等原件组成。

在虚拟货币诞生初期，网络上的节点都是使用个人计算机进行挖矿，主要依赖计算机中 CPU 的算力，比特币的第一个区块就是中本聪使用计算机挖出来的，这个区块也被称作"创世区块"；这之后又出现了 GPU（显卡）挖矿和 FPGA（可编程逻辑电路）挖矿等方式，挖矿效率相当于 CPU 挖矿的几十甚至上百倍。

挖矿实际上是一个算力比拼的过程,能调动更多算力的节点获得虚拟货币奖励的概率就更大。随着全网算力的上升,用传统挖矿方法获得的虚拟货币奖励越来越少,有人便开发出专门用来挖矿的算力芯片(ASIC)进行挖矿,集成了算力芯片的挖矿设备就是矿机。算力芯片是矿机最核心的部件,芯片运算过程会产生大量的热,为了散热降温矿机还不得不配备散热片和风扇,用户下载好挖矿软件后分配好每台矿机的任务后就可以开始挖矿。

经过多年的技术迭代,目前ASIC矿机搭载的算力芯片的工艺尺寸也越来越小,从最初的55nm已经发展到了目前的7nm,并且算力越来越高,能效比(提供单位算力对应的能耗)越来越低。

目前的主要矿机厂商包括比特大陆、嘉楠科技、亿邦国际等。

4.2.2 矿工

矿工是指运用挖矿设备(矿机)从事虚拟货币挖矿的人。在过去十多年的时间中,矿工群体的类型、挖矿的方式和收益也都发生了显著变化。

最早的虚拟货币矿工主要是一些计算机极客或电脑发烧友,他们使用自己的计算机运行挖矿软件进行挖矿,由于那个时候比特币等虚拟货币的区块奖励多、全网算力少,所以那个时候的矿工可以以较少的投入挖出相对较多的虚拟货币。

之后随着虚拟货币价值的增长,越来越多的人进入这个领域,加之新的挖矿设备的出现使得区块链网络上的算力激增,并且比特币等区块链网络每隔一段时间都会发生区块奖励减半,个人矿工挖矿的投入产出比也逐渐降低。

由于投入多、回报少,个人挖矿这种模式就逐渐被淘汰。矿工为了追求更多的持续稳定的收益,新的挖矿群体和挖矿形式也应运而生。

4.2.3 矿场

随着比特币价格上涨及 ASIC 矿机的快速发展，个人矿工在家中挖矿的弊端逐步显现出来，除了噪音、散热等给生活带来不便，还有用电和扰民等不利因素，在这种情况下就需要给矿机提供专门的挖矿场所，矿场在这样的背景下应运而生。

矿场是指集中管理矿机的场所，由于许多矿机设备都集中在一个地方，因此方便统一管理和维护。矿场一般选址在电价相对比较便宜并且稳定的地区。

早期的矿场运营比较粗放，简单搭建一个机架然后把矿机放上去就可以开始运营，但是在运营过程中发现，这种运行方式下矿机损坏率和维修成本都很高，于是增加了通风隔尘方案，还有对室内温度和湿度进行严格控制，由此，矿场的管理水平也越来越专业。

矿场最大的优势是成本优势，大型矿场选址一般都在电力资源丰富、电价便宜的地方，因为矿场最大的成本支出是电费，廉价的电力将给矿场带来巨大成本优势。从运营维护的角度上看，矿机托管在矿场，出现故障后不仅响应的速度大幅提升，更有专业的人员进行维修，大幅提升了矿机运维的专业性，大幅缩减了矿机运维的成本。

中国在整治虚拟货币挖矿政策出台之前，一直都是虚拟货币挖矿大国，矿场主要集中在四川、内蒙古等电力资源充足的地区。不过虚拟货币挖矿消耗能源巨大，我国已经将虚拟货币挖矿列为淘汰类产业。

4.2.4 矿池

随着虚拟货币挖矿的参与者不断增加，加入挖矿的矿机和矿场数量也不断增加，而同样时间内区块链上产生的虚拟货币的数量是一定的,因此虚拟货币被单个矿工挖出的可能性就越来越小,这可能导致小矿工连续挖矿数年,投了大量矿机和电费等各种成本之后,最终却什么也没有挖到。为了规避这种风险,于是一些矿工把自己的矿机算力联合起来,这就形成了矿池。

简单地说,矿池就是指将分散在全球矿工以及矿场中的算力连接在一起挖矿所形成的一个算力联合体和利益共同体。矿池负责交易打包,接入的算力负责竞争记账。由于集合了很多矿工的算力,所以矿池可以提供相对较大的算力占比,因此挖到虚拟货币奖励的概率更高,在获得奖励之后,矿池会将所获得的虚拟货币奖励按照接入算力的占比进行利益分配。

因此,相较于单独挖矿,矿池的规模效应能保证参与的矿工每天都能有较为稳定的收入,降低了矿工收益的不确定性和波动性,避免了独立挖矿长期没有收益的风险。目前全球算力较大的矿池有鱼池(F2Pool)、蚁池(AntPool)和 BitFury 等。

4.3 项目方

项目方是一个投融资领域的名词,指为了进行项目开发有资金需求的一方;相对应地,手握资金寻求投资机会的一方被称作资源方。

在区块链领域,项目方在开始一个项目之前往往都会编写、发布项目白皮书,在白皮书中详细描述自己的项目计划解决什么问题、有什么样的愿景、使用什么样的技术路径、创始人和团队的相关背景、融资的方式以及未来的路线图等。

在白皮书完成后,项目方就会参与各种融资活动与资源方接触。在区块链领域,项目方进行融资的方式主要是以发行虚拟货币的形式进行的。项目方承诺根据投资者的投资额度发行相应数量的虚拟货币,这些虚拟货币通常意味着投资者享有的对该项目的某些权益,投资者的投资预期是项目在发展成功之后其持有的虚拟货币的价格能够上涨。

在虚拟货币发展的早期,项目方主要通过ICO(首次币发行)的方式发行虚拟货币融资,但是由于区块链领域监管机制的缺失,导致了大量项目以此为名进行诈骗、非法集资等活动,影响了社会和经济秩序的稳定。

随后,包括中国在内的多个国家对ICO行为进行了整治,项目方开始同交易所合作发行虚拟货币融资,这被称为IEO(首次交易所发行)。对于投资者来说,交易所从某种程度上成了项目方的背书,投资者基于对交易所的信任投资项目方,对于项目方来说,通过IEO同时实现了发行虚拟货币和在交易所交易虚拟货币两个过程,优化了自身的融资流程。

但是,由于一些交易所本身并未严格遴选项目,或是同项目方有幕后勾结的行为,使得一些劣质项目同样能够堂而皇之地在交易所上发行虚拟货币并上市对投资者进行收割,因此IEO也只是昙花一现。

之后随着去中心化交易所(DEX)的盛行,项目方发币上市这一行为已经不再依赖中心化的交易所,其融资的过程进一步简化,融资成本也进一步降低。项目方在区块链上发行虚拟货币之后可以直接在去中心化交易所上建立资金池使代币流通,这种方式被称为IDO(首次去中心化交易所发行)。

虽然经历了ICO到IEO再到IDO的过程,但是区块链行业中缺乏有效监管的问题并未得到根本解决,现在通过各种方式融资诈骗的项目仍然比比皆是。

4.4 交易平台

随着虚拟货币价值的增长,虚拟货币交易的需求也开始增多,一方面，矿工们需要将挖出的虚拟货币变现，另一方面，一些来自主流人群的投资者将虚拟货币看作实现资产增值的投资方式。在需求的推动下，各种各样的虚拟货币交易平台也应运而生。

交易平台的出现是虚拟货币价值得到认可的关键一步，其为虚拟货币提供了价值发现的场所。在整个加密数字货币市场生态当中，作为最重要的流转环节之一，交易平台具有无可替代的重要地位。

交易平台根据是否托管用户的虚拟货币可以分为托管类交易平台和非托管类交易平台两大类。中心化交易所、场外交易平台都属于托管类交易平台，去中心化交易所属于非托管类交易平台。

4.4.1 中心化交易所（CEX）

在托管类的交易平台中，用户将虚拟货币转移到自己的数字钱包地址中之前，这些虚拟货币由中心化的交易平台托管。虽然用户在交易平台的账户中可以看到自己名下资产的具体数量，但是这些虚拟货币并不在用户自己的链上地址中，而是在交易所的地址中。

主要的中心化虚拟货币交易所都属于托管式的虚拟货币交易平台。中心化交易所可以简单理解成私人机构或公司开设的一个提供买卖加密货币的平台，用户注册会员后，经过身份认证并审核通过才能进行交易。在进行交易之前，用户需要将虚拟货币或法定货币转入平台制定的地址或账户，由平台暂时保管。中心化交易所的交易量与流动性大，虚拟货币的价格能够真实体现当前的市场供求关系。

中心化交易所包括法定货币-虚拟货币交易所、虚拟货币-虚拟货币交易所（币币交易所）和虚拟货币衍生品交易所。

在法定货币-虚拟货币交易所中，用户可以存入或取出美元、欧元等法定货币，可以使用法定货币购买虚拟货币，或者将虚拟货币兑换为法定货币。在币币交易所中,用户主要在不同的虚拟货币之间进行兑换操作。在虚拟货币衍生品交易所中,用户可以通过基于虚拟货币的期货或期权产品使用更加专业、复杂的投资策略进行投资。

目前主要的中心化交易所包括 Coinbase、币安等。

4.4.2 去中心化交易所(DEX)

中心化交易所的一个弊端在于用户的资产托管在交易所的账户上,如果交易所出现意外事故,比如黑客攻击、监守自盗、交易所私钥控制人病故等,则用户的资产可能会蒙受损失。另外,由于内部机制的不透明性,一些中心化交易所通过虚假订单和操纵虚拟货币价格等手段使投资者亏损,自身却从中获利。

此外,现在大多数中心化交易所都在监管机构的要求下实施了解客户(KYC)和反洗钱(AML)合规流程,而一些重视个人隐私的投资者并不希望泄露自己的身份信息。

去中心化交易所本质上是在区块链上由智能合约编写的具有虚拟货币交易功能的去中心化应用(DAPP)。加密货币买家或卖家在进行交易时,不必将其资金的控制权交给任何中介或托管人。

除了将资产的控制权交还给用户外,去中心化交易所的所有买卖操作都在链上进行,所有交易记录都可以查证,具有极高的透明性。此外,用户使用去中心化交易所无须注册,也无须 KYC 等认证流程,只需要连接钱包软件即可交易,保护了交易者的隐私。

目前使用较多的去中心化交易所包括 Uniswap、Pancakeswap 等。

4.4.3 场外交易平台(OTC)

场外交易平台是指交易所之外虚拟货币交易平台,在交易所进行虚拟货币交易时,特别是当交易的金额特别巨大且交易所的交易深度有限时，可能会对交易资产的价格产生较大影响，从而给交易者带来损失。

以比特币为例，若某位投资者希望在某个交易所购买 1000 枚比特币，很可能没有人在某个特定时间内恰好想卖出同样数量的比特币，这意味着必须从多个卖家手里购买。当他购买其中的第一部分时，可能还能以市场价格成交，但是随着交易的进行，交易所中比特币的价格已经由于这位投资者的买入行为上涨，因此他最终需要以更高的价格完成交易。

这时如果他通过场外交易平台购买比特币，则只需要提供一个报价，如果双方能够达成一致，那么就可以一次性按照约定价格完成交易，这减少了交易者可能的交易损失。

现在很多中心化交易所也都提供了 OTC 的功能，买家和卖家可以不通过交易所进行订单撮合，而是自行发布买卖交易需求寻求交易对手方。

目前使用较多的场外交易平台包括 Paxful、LocalBitcoin 等。

4.5　数字钱包

虚拟货币的地址和私钥就像是生活中人们经常使用的银行卡账号和密码。虚拟货币数字钱包是用来存储虚拟货币地址和私钥的介质，对于虚拟货币的持有者来说，只有控制了地址的私钥，才真正控制了这个地址中的虚拟货币。

随着技术的发展，数字钱包已经成为用户接触和使用虚拟货币的入口，用户可以通过数字钱包管理自己在区块链上的虚拟货币资产并与区块链网络进行交互。

使用数字钱包时，一定要做好私钥或助记词的备份及存储。助记词是第一次使用钱包时生成的一系列短语，可以用于恢复钱包私钥。为防止被黑客窃取，助记词和私钥一定不要截图存在手机里或者在线保存在云盘中，不要复制粘贴收藏在社交平台上或电子邮箱中。

对于联网的钱包设备，不要随便下载来历不明的软件，特别是虚拟货币资产相关的软件。下载软件一定要通过官网下载，避免进入钓鱼网站。

按照不同的特点，数字钱包又可以有以下几种分类方式：

一是根据是否联网分为热钱包和冷钱包。

二是载体形式分为软件钱包和硬件钱包。

三是根据用户是否控制私钥分为非托管钱包和托管钱包。

冷钱包是用于存储虚拟货币的离线钱包。如果持有大量虚拟货币，那么冷钱包是一个相对安全的选择，作为离线钱包，因为处于不联网的状态，外界一般无法通过网络访问到存储私钥的位置，所以就可以避免黑客攻击或者中木马病毒等情况。

和冷钱包相反，热钱包是联网的数字钱包。钱包设备在数字链路上与互联网相连，这使得黑客攻击者或者木马病毒有可能控制该设备从而能够获取私钥。热钱包往往是在线钱包的形式，在安全性上不如冷钱包，但是对于需要经常进行转账或交易操作的用户来说，热钱包使用起来则更加方便。一般而言，普通用户用得比较多的是热钱包，因为使用方便；而资金大户才会用冷钱包，因为资产庞大，需要预防黑客入侵的风险。

软件钱包一般都是热钱包，可以让用户在网络浏览器和移动设备上使用虚拟货币，通常它还提供一些额外功能，使使用者在使用加密货币时更加方便。

硬件钱包是指将虚拟货币的私钥单独储存在芯片中，与互联网隔离，即插即用，因此很安全。不过在使用方面，硬件钱包没有软件钱包方便，在发送虚拟货币的时候，要将设备与电脑或者手机相连。

软件钱包中，现在使用最多的是 MetaMask 钱包；硬件钱包中，使用最多的是 Ledger 公司的硬件钱包。

4.6 用户

在虚拟货币领域，用户一般来说是指虚拟货币的持有者、虚拟货币交易平台中的交易者，或是数字钱包等产品的使用者。

随着区块链技术的发展和普及，虚拟货币的用户群体已经从小众的极客和投机者发展进入了主流人群，更多没有太多技术背景的投资者涌入这一领域。

根据 Crypto.com 发布的《虚拟货币市场规模：全球加密货币持有者已达到 3 亿》报告，2021 年全球虚拟货币持有者的数量几乎增加了两倍，从 1 月的 1.06 亿增至 12 月的 2.95 亿。假设 2022 年虚拟货币用户的增长速度与此类似，则有望在 2022 年底达到 10 亿人。

用户和投资者的增多是推动虚拟货币市场继续发展的根本动力，一方面，他们不仅为市场带来了源源不断的资金流，还带来了方方面面的需求。但是另一方面，用户和投资者的涌入，特别是一些对行业风险和常识缺乏认识的用户的进入，给一些不法分子进行犯罪活动提供了可乘之机。这需要监管机构能够与时俱进，对区块链和虚拟货币行业中的新兴组织和行为进行关注和监管，同时也需要行业参与者同监管和执法机构合作，共同建立和维护健康有序的行业生态，维护用户和投资者的利益不受侵害。

通过虚拟货币交易和炒币获取利润是大多数虚拟货币持有者进入这一领域的主要动机。

虚拟货币交易是指买卖虚拟货币的行为，目前在国内属于违法行为，涉及虚拟货币交易相关的合同也会被认为是无效合同，不受法律保护。

炒币是指以盈利为目的，通过低买高卖等手段交易虚拟货币的方式。在虚拟货币的生态中，参与炒币的投机者和投资者是人数规模最大的群体。

同已经相对成熟的股票投资市场一样，虚拟货币市场中的投资者也有着风格截然不同的投资模式。

早期投资者：有的投资者专注于发现早期项目，要么是参与项目的私募或空投阶段，以低成本买入虚拟货币，要么是在项目发行虚拟货币初期买入，在项目有利好消息时虚拟货币价格上涨后卖出。

波段投资者：有的投资者只关注少数几种虚拟货币，通过各种指标、链上数据和技术分析手段进行波段投资，利用虚拟货币市场的波动性获取收益。

搬砖套利者：同一种虚拟货币可以在多个不同的交易所交易，其价格可能并不相同，并且虚拟货币可以在不同的交易所之间快速转移，这就产生了利用价差套利的空间。

长期投资者：此类投资者对于看好的虚拟货币坚定持有，不受短期价格波动和消息面因素的影响，看好手中的虚拟货币长期升值的空间。他们常常被和股票市场上的价值投资者进行类比。

衍生品投资者：同传统金融市场一样，虚拟货币也有自己的期货、期权等衍生品市场，此类市场的投资者主要是具有专业投资经验和知识背景的人士。对于普通投资者来说，盲目进入衍生品投资市场虽然可能会有更高的收益，但是也需要承担资产一夜之间归零的巨大风险。

4.7 数据服务

在虚拟货币生态中，所有的数据和信息都是以二进制的形式存储在区块链上的。这些数据都是完全公开的，任何一个人都可以查看这些数据，确认每一笔交易是否执行，查看每一个地址上有多少虚拟货币以及该地址的历史交易记录。

然而这些二进制的数据结构主要是为了机器高效处理而组织的，对于人来说可读性差，因此需要一些数据工具的支持。

4.7.1 区块链浏览器

区块链浏览器简单来说是一种链上数据的搜索工具，专门为用户提供浏览和查询区块链上的数据和信息。当用户输入某钱包地址或某笔交易哈希时，就可以查询此钱包的余额和任意一笔交易的详细信息：比如转账费用是多少、输入和输出地址、资金的后续流向等。用户也可以通过输入块高、块哈希等来搜索某一特定区块的所有内容。

区块链浏览器是链上数据的门户和入口，用户可以看到链上的所有信息。有的区块链浏览器支持查看多个不同区块链上的数据，比如 Chaindigg 多币种区块浏览器；而有的区块链浏览器则只支持查看特定的区块链上的数据，比如著名的以太坊区块链浏览器 Etherscan。

此外随着技术的发展，区块链浏览器也会集成新的功能，如将一些特定实体的地址信息标注显示出来，以帮助用户识别和其交互的地址是否有可能来自诈骗、黑客等非法活动等。

4.7.2 数据分析

随着虚拟货币交易的活跃，虚拟货币的投资者和区块链行业的参与者已经不满足于区块链浏览器提供的这些基本的数据信息，而是需要通过对数据的深入分析挖掘出对于自身投资或发展有价值的信息。

虚拟货币行业的数据分析应用根据数据来源主要可以分为两类：一类是纯链上数据分析，即根据区块链上的虚拟货币流向、活跃地址的数量和交易情况等信息进行分析,对当前的虚拟货币市场走势和行业趋势进行判断;另一类则主要关注中心化交易所等交易平台的虚拟货币交易数据,为投资者提供价格服务和投资参考。

除了应用于虚拟货币投资领域之外,区块链数据分析在区块链安全方面还有着重要作用。随着虚拟货币应用的普及以及价值的增长,很多犯罪分子都是用虚拟货币进行诈骗、贩毒、洗钱、赌博等非法活动,而区块链数据分析则可以为监管和执法机构提供有力的工具,追踪资金流向,确认犯罪分子的真实身份,打击虚拟货币在犯罪领域的应用。

对于区块链行业的参与者来说,通过和区块链数据分析公司合作,他们能够避免无意中处理来自犯罪分子和非法实体的资金,减少在合规领域的风险。

4.8 去中心化金融(DeFi)

在以太坊区块链推出之后,越来越多的开发者和投资者看到了智能合约给区块链行业带来的巨大发展空间,更多的开发者进入这一领域,通过编写智能合约去解决更多现实中的问题,这一领域也发展出了丰富的应用生态,其中规模最大的就是去中心化金融(DeFi)生态。

同传统金融行业的参与者一样,区块链和加密行业的参与者也在积极探索区块链技术在金融领域的应用,同传统金融巨头们希望通过区块链技术提高效率、降低成本的期望不同,原生于区块链行业的金融公司则希望能够通过去中心化金融彻底颠覆传统的金融行业。

虽然 DeFi 是在 2020 年的下半年才开始成为行业热点并引发关注,但事实上在比特币诞生的第一天起,区块链行业就在试图改变传统金融领域。从货币的发行和流通,到证券的募资和交易,再到资产的质押和借贷,区块链行业的参与者都在进行着积极的探索和尝试。

去中心化金融发展最大的受益者其实是全球近 20 亿的无银行账户的人群,这些人由于种种原因无法通过银行这个入口接触到传统的金融服务领域,而他们只需要有一个联网的智能手机,就可以在全球任何一个地方使用去中心化金融服务。

从长远来看,虽然去中心化金融最终可能无法取代传统金融行业,但是其一定会发展成数字时代人们经济生活中的重要组成部分,成为传统金融体系有效的补充。

4.8.1 DEX

区块链技术可以帮助传统金融公司大大简化证券发行的流程。在去中心化金融领域,证券发行过程被进一步简化,任何人都可以在区块链上以代币的形式发行自己的数字资产,这些区块链上的数字资产可以在区块链上不受限制地交易。

由于不同的数字资产所代表的权益和功能各不相同,这些资产的价值也不尽相同,因此数字资产交易所应运而生。中心化的交易所往往由一个中心实体控制,而以 Uniswap 为代表的去中心化的交易所(DEX)则使得数字资产的交易更加快速、便捷、便宜,所有的交易记录都可以在区块链上查看,避免了暗箱操作的可能性,用户的资产保存在自己的钱包中,资产的安全性大大提高。

传统的中心化交易所一般通过订单簿的形式撮合交易,有交易需求的用户按照自己希望的成交价格发布买卖需求订单,交易所根据这些订单进行匹配交易。

去中心化交易所通过智能合约实现了自动交易,这里面最重要的两个概念是流动性池和恒定乘积模型。

我们知道，任何交易都需要有一个对手方才能进行，去中心化交易所是如何保证随时随地都可以进行交易的呢？答案就是流动性池。在去中心化交易所中创建一个交易对之后，还需要向这个新的智能合约中添加流动性，其他人才能在这里进行交易。所谓的添加流动性，就是向其中存入价值相等的两种虚拟货币，比如一枚以太坊的价格是 4000 泰达币，那么就可以向其中按照这一比例存入虚拟货币，如存入 10 枚以太坊和 4 万枚泰达币。这时，我们可以说去中心化交易所里的这个交易对就有了流动性，流动性就是这两种虚拟货币的价值总和，约 8 万美元。

这时其他人也可以在这里进行交易了，交易的依据就是恒定乘积模型，简言之就是说，在交易前后，流动性池中的两种虚拟货币的数量乘积保持不变。还是以刚刚我们举的例子为例，10 枚以太坊和 4 万枚泰达币的乘积是 40 万，那么假如这时有人想要在这里买入 2 枚以太坊，他要支付多少泰达币呢？

通过恒定乘积模型，在这个用户买入 2 枚以太坊后，流动性池中只剩下 8 枚以太坊，那么相对应地，流动性池中的泰达币的数量应该为 5 万枚。也就是说，用户需要向其中存入 1 万枚泰达币。当然这只是理想情况，显示中用户还需要支付一定比例的手续费，所以其付出的泰达币还要更多。

这里我们还可以看到，在交易完成后，以太坊相对于泰达币的价格也发生了改变，由交易前的 4000 泰达币变成了 6250 泰达币。

4.8.2 借贷

随着虚拟货币价值的提升，去中心化金融开始向传统金融体系的深水区拓展。在借贷方面，传统金融体系存在着操作不透明、评估流程复杂、放贷时间长等问题，基于区块链的数字资产借贷协议通过智能合约处理相关流程，所有相关操作自动完成，大大简化了借贷的流程，极大地缩短了放款周期。

去中心化金融领域的借贷和传统金融的抵押贷款一样，借款人需要投入抵押品才能贷款，且均为超额抵押，只是这里的抵押品为虚拟货币，一般以比特币、以太坊等主流币以及 USDT、USDC、DAI 等稳定币为主。

目前去中心化金融领域的借贷平台主要有 4 种模式：

（1）稳定币抵押贷

以 Maker DAO 为代表，用户可以抵押主流资产借出 DAI 代币，DAI 同泰达币一样价格锚定美元，DAI 也可以在主流中心化交易及去中心化交易所交易，或者在其他借贷平台进行存借流转。

（2）流动池借贷模式

以 Compound 为代表，运作模式类似于传统银行一样，以流动性资金池的方式聚集贷方的资金，并将资金给借方，通过算法平衡供求、设定利率，随借随还。这也是当下主流的借贷模式。对于借方，从 Compound 借钱需超额抵押虚拟货币资产以获得贷款额度。

贷款和借款的利率由流动性池的大小来确定，即随着贷方提供的虚拟货币总数量和借方的需求总数量之间的比率波动。

（3）P2P 撮合模式

以 Dharma 为代表，Dharma 是撮合借方和贷方的点对点贷款协议，类似于基于订单簿的撮合交易模式。

Dharma 中由智能合约充当"担保方"角色，评估借方的资产价格和风险。贷方则根据"担保方"提供的评估结果决定是否贷款给借方，当贷方无法按时还款时，"担保方"自动执行清算程序。

（4）闪电贷模式

闪电贷是基于代码执行的无抵押贷款，其实现原理是：利用智能合约的可编译性将借款、使用、偿还等所有步骤全部编程在一笔交易中，智能合约可以保证所有这些步骤都在15秒内完成，如果还款失败，整个交易不会执行。

这样把所有操作都集中在一个交易中完成的优势是，如果最后不还款，交易就会失败，避免了出现借钱不还的现象。闪电贷的主要用户一般为开发人员、做市商等。

4.8.3 流动性挖矿

前面我们在讨论去中心化交易所和去中心化借贷的时候都提到过流动性池的概念，很多去中心化应用的正常运作都高度依赖于流动性池的深度。为了鼓励用户增加流动性池的深度，很多去中心应用项目都推出了流动性挖矿的措施，使用代币奖励增加流动性池深度的用户。

流动性挖矿对于用户来说类似于现实生活中的存币生息，用户将自己的虚拟货币存入某个去中心化应用的智能合约中，之后就可以获得相应的收益。

需要注意的是，这里的挖矿的概念和比特币、以太坊等区块链节点竞争记账权获取奖励的挖矿并不相同，流动性挖矿仅仅是通过存入虚拟货币获得奖励，不存在向区块链上添加区块之类的操作。

4.8.4 保险

DeFi保险是现在去中心化领域的探索最为活跃的领域之一，特别是在如今链上安全事件频发的大背景下，DeFi保险的重要性更加凸显。

DeFi保险由三个核心部分组成：承保人资金库、被保险人资金库以及索赔治理。

要想成为承保人非常简单，无须KYC或者其他，只需往"承保人资金库"存入特定资金即可。成为承保人可以赚取保险启动费用和被保险人每周支付的费用。承保人获得收益的同时也要承担义务，如果索赔被批准，相应的资金会从资金库中扣除，并支付给索赔人。

成为被保险人也无须 KYC，被保险人将被保险的资金存入"被保险人资金库"，即可成为被保险人，获得保险服务。在存入"被保险人资金库"时，需要支付 0.1% 的启动费用，同时，每周会扣除 0.01% 的费用。被保险人随时都可以提取或存入更多的被保险资产。这种保险服务没有固定期限，具有较大的灵活性。

如果发生索赔事件，则需要进行索赔治理。承保人根据投入金额进行投票。3 天投票期，33% 则批准通过，25% 则否决。假设索赔被批准，那么承保资金池中的资金将会支付给被保险人。

4.9 非同质化代币（NFT）

非同质化代币简称为 NFT，是 Non-Fungible Token（非同质化代币）缩写，其定义了一种不可分割的、具有唯一性的代币交互和流通的接口规范。每个 NFT 代币都是独一无二的，可以用来作为独一无二的数字资产的所有权证明。

用现实生活中的内容举例，纸币是同质化的，因为其可以同其他等额纸币互换，并且可以分成更小的面额。在虚拟货币领域，比特币、以太坊等虚拟货币也是同质化的；而房产则是非同质化的，每一套房产的位置、面积、朝向、楼层、建筑时间、装修状况都有所不同，相互之间不能简单地替换，每一套房产从某种意义上说都是唯一的。

非同质代币就是专门用来表示像房产这种不能相互替换、不能分割、具有唯一性的资产的代币。收藏品和艺术品领域是 NFT 应用最广的领域，从头像到数字艺术家的作品到虚拟动物等，都可以用 NFT 去表示和交易。这些网络上的数字资产以往存在所有权模糊的情况，但是在引入 NFT 之后，这些数字资产的所有权可以通过区块链上的 NFT 的所有权得以证明。

NFT 收藏品和艺术品交易的主要方式包括空投、直售、拍卖和盲盒等。NFT 空投是指收藏者在 NFT 项目发售之前，通过参与社区活动或完成项目推广任务进入项目的白名单，从而获得相应的 NFT。直售是指艺术家或创作者在交易平台上通过一口价的方式售出其 NFT 的情况。拍卖是指 NFT 作品的持有者在交易平台上通过拍卖的方式出售 NFT，拍卖方式包括价格由低到高的英式拍卖、价格由高到低的荷兰式拍卖以及限时拍卖等。NFT 盲盒是指收藏者在购买前并无法确定其购买的 NFT 具体是哪一个，在购买发生之后，该 NFT 盲盒会根据事先设置的概率成为某一特定的 NFT。

事实上，只要是独一无二的东西就可以做成 NFT，在 DeFi 领域也不例外。最典型的例子是 NFT 和去中心化交易所的结合，去中心化交易所 Uniswap 的 V3 版本中使用了 NFT 作为提供流动性的证明，不同的流动性提供者可以选择自己只为某个价格区间提供流动性，这样不同用户的流动性证明就是互不相同的，因此可以用 NFT 来表示。

4.10 链游

链游，顾名思义，就是区块链和游戏的结合。游戏领域是在主流人群中渗透率较高的行业之一，区块链正在通过游戏的形式寻找更多的使用者，特别是区块链游戏提出的 GameFi 和 Play To Earn 概念，吸引了很多游戏玩家的关注。

GameFi 是指在 Game（游戏）中引入 DeFi 以及 NFT 的概念，并且将玩家的虚拟货币资产转化成游戏内的角色、道具等资产，让玩家通过游戏的方式获得虚拟货币收益。这改变了传统游戏的模式，用户从在游戏中消费变成了通过游戏获利，简单地说，GameFi 是将去中心化金融产品以游戏的方式呈现，将 DeFi 的规则游戏化，将游戏道具衍生品 NFT 化。

链游主要包括 Collect-To-Earn、Play-To-Earn 和 Create-To-Earn 三种模式。

Collect-To-Earn 是早期的链游采用的模式，比如"加密猫"，此类游戏特有的繁殖体系将游戏同"盲盒"的概念联系了起来，游戏参与者可以通过繁殖获得新的物种收藏或出售，增加了游戏的趣味性。

在 Play-To-Earn 模式中，玩家可以通过购买游戏道具玩游戏以得到游戏中的资产奖励，这些数字资产是可以在区块链上确权的虚拟货币，这些虚拟货币可以在公开市场上进行交易或出售。最典型的例子是 Axie Infinity，这种模式很大程度激发了游戏玩家的积极性，鼓励玩家通过积极玩游戏来赚取收益。

Create-To-Earn 将传统游戏的内容产出进行了去中心化，将用户创造内容（UGC）引入了区块链游戏当中。游戏开发商为玩家搭建平台和开发工具，玩家可以在游戏内创造出各种内容和体验，他们的作品通过 NFT 的形式确权，其他的玩家可以购买内容，也可以为体验付费，从而形成了一个真正意义上闭环的价值链。代表性的项目包括 The Sandbox 和 Decentraland。

从虚拟货币犯罪的角度看，链游用户目前的收入来源仍是新玩家进入导致的资源需求增加。如果游戏没有足够的可玩性，或者没有其他产生价值的模式，那么就很容易演变成完全依靠新玩家输血的"资金盘"模式，如果玩家数量增长停滞，则有可能会面临崩盘的风险。

4.11 元宇宙

元宇宙是区块链涉足的最新的领域之一，由于成熟的元宇宙生态可能需要十几年甚至几十年的时间才能实现，因此这也将在很长时间内都是区块链技术的重要应用场景。

虽然目前元宇宙定义尚无共识，但业内基本都认可其为一个与现实有某种联系的虚拟数字空间，用户可以通过有沉浸感的交互方式在其中进行社交和协作。元宇宙的概念符合全球疫情的大背景下人们生活由实转虚的潮流，也为互联网行业和科技巨头提供了宏大的愿景。

4.11.1 元宇宙的特性

（1）经济性

不管是专家还是研报，可以说所有关于元宇宙核心要素的概括中都无例外地提到了这一点。这是将元宇宙的设想同很多开放世界 3D 游戏区分开来的重要一点，也是构建未来元宇宙或者说人们的虚拟生活的基石。元宇宙是虚拟的，因为它不存在现实世界当中，元宇宙同时也是现实的，因为它的经济系统可以使人们如同在现实生活中一样工作、消费。这样，元宇宙才有可能发展壮大为一个或多个或无数个充满活力的能够内循环的虚拟生态。

（2）体验

或者说是更加极致、实时、更有沉浸感的人机交互体验。在过去二十多年的时间中，人机交互界面经历了从电脑屏幕到手机屏幕、从鼠标键盘到触摸屏的进化，人们对元宇宙的预期显然已经不能满足于此，人们要求超越手眼交互的更具沉浸感的交互体验，从而能够实现"真正生活"在虚拟世界中。

（3）身份

同在现实生活中一样，人们在虚拟的元宇宙空间中需要有被认可的身份,以及通过这个身份进行的社交或创作或消费活动。而网络世界的匿名性也将在元宇宙中得到体现,元宇宙中的身份可以是和现实身份绑定的,也可以是和现实身份分离的,身份及社交体系的设定将是不同的元宇宙之间相互竞争、产生差异性的重要一环。

(4) 内容

在传统的游戏体验中,绝大多数内容都来自中心化的项目开发者,在元宇宙的世界中,这一点也将被彻底颠覆。用户创作内容和 AI 创作内容将成为元宇宙生态中的大部分内容来源,正如传统媒体正在面临的来自自媒体的冲击一样。元宇宙世界中内容的多元化程度将直接决定参与者的数量和粘度。

4.11.2 元宇宙的关键技术

(1) 游戏技术

从目前的行业发展水平来看,游戏领域是最先成长起来的元宇宙场景,其交互灵活、信息丰富,为元宇宙提供了创作平台、交互内容和社交场景。

(2) VR/AR 等交互显示技术

沉浸感是元宇宙体验最为关键的一环,因此帮助用户实现沉浸感的 VR/AR 等交互现实技术可以说是通往元宇宙世界中的大门。就短期内看,VR 可能会成为最先成熟的元宇宙生态硬件终端载体,除了 VR 技术和社区已经有过多年的发展作为铺垫外,其本身的娱乐属性可以使主流大众更容易接受和使用。

(3) 网络及算力技术

网络和算力是元宇宙生态中最为重要的基础设施,高同步低延时的网络可以帮助提升用户的互动体验,边缘计算等技术则可以弥补用户本地终端算力不足的问题。元宇宙中同时也需要对大量数据进行迅速传输,并且参与者可以随时随地接入网络,这同样依赖强大的通信基础设施。

（4）区块链技术

区块链是让元宇宙生态发生质变、有别于传统的开放世界游戏的重要技术革命。作为支撑元宇宙终极形态的底层协议，区块链技术真正意义上实现了去中心化的经济模型，为虚拟世界引入了不依赖于可信第三方的数字货币、智能合约和虚拟资产权证，基于此可以构建元宇宙世界的经济和金融体系。

虚拟货币促进了元宇宙生态中的价值创造和流转，激发了参与者的创作热情，推动了用户创作内容这一元宇宙重要内容来源的蓬勃发展，进而吸引更多的参与者前来创作和消费。

以去中心化金融为代表的智能合约应用正在把现实世界中的金融体系转移到虚拟世界当中，丰富了数字货币的使用方式，其中的一些创新性的玩法则为元宇宙的参与者带来了超越现实世界的金融体验。

非同质代币补足了元宇宙经济体系中的最后一块拼图，使参与者可以真正拥有一件数字资产，不管是艺术品、收藏品、游戏角色、游戏道具、虚拟城市中的地产或是物品，元宇宙世界中的万物都可以进入价值流转的经济体系当中。

第 5 章
虚拟货币生态实战

> **主要内容**
>
> 本章从实战角度出发,介绍了虚拟货币生态中主要应用的使用和操作流程。让读者能够在实际场景中体验虚拟货币相关的各种操作。这些应用包括虚拟货币领域中使用最广泛的虚拟货币钱包、虚拟货币投资者常用的交易所以及虚拟货币数据分析者必学必会的链上数据查询工具。
>
> 在新技术方面,本章重点介绍了 DEX 等 DeFi 应用、NFT 的发行以及代币的发行等。

5.1 区块链钱包

区块链中的资产是存储在地址上的。在区块链中进行转账的时候,使用的是地址,区块链钱包就是用来管理地址的。区块链钱包是一个应用程序,为用户提供交互界面,其作用是控制用户资金访问权限、管理密钥和地址、跟踪余额以及创建和签名交易。要学会使用区块链钱包,一定要掌握以下几个相关名词定义。

5.1.1 地址

地址是由私钥经过复杂加密算法生成的，是一个由数字和字母组成的字符串。地址可以简单理解为银行卡号，资产存在卡上。发送和接收资产需要给对方提供卡号。不同的加密货币的地址格式不同，BTC 的地址有 3 种不同的开头：1 开头、3 开头和 bc1 开头；ETH 地址以 0x 开头；TRX 地址以 T 开头等等。常见的地址格式如下：

- BTC：3LVdMohX9TmF4T2pKujS9s5HmKsr3NY6su
- BTC：17APcwDBUYrgXKwMqYH6RsGkiRmhiQ7Ez3
- BTC：bc1ql6455v9dezg4dha8sewshk50t2a3tducrxq8d4
- ETH：0xf8db9ecd701bb77b0e88830437b34122a5b705a6
- TRX：THtbMw6byXuiFhsRv1o1BQRtzvube9X1j

5.1.2 私钥

私钥可以简单理解为银行密码，在区块链中进行资产转移的时候，需要用地址的私钥对交易进行签名。类似银行转账输入密码的过程。

私钥本质上是一个随机数，不同的加密货币对应的私钥格式和长度都不一样，常见的如下：

- BTC：Kz3gwzt917zuW5ARjY5xZ56f2ase4ht96mQjGR4HWvNoFQKjtU1J
- ETH：0x40cb58beb415a0242aaa6f809960b280b0875677f740fb7d0ecf04a0a4116b05
- TRX：df40f9f32ebe15c48ad06567c6f81e6115db9883b320eb8c043503c3e50080b0
- EOS：5JTdTLhGfA4ujGXWSVnqWTjnsbZaxRu5shaSfG3B4VP7pYcwnUx

- XRP：15c90944c0e85b81c89390fe03a3967f1154626c32777d97f0406e46d7df898e

5.1.3 地址的生成过程

地址的生成过程是先生成私钥，再由私钥算出公钥，再由公钥经过一系列哈希算出钱包地址，整个生成的过程是单向不可逆的。

公钥是由对应的私钥通过椭圆算法生成的，与私钥共同组成密钥对，用以加密和解密数据。公钥通常是向外界公开的，不需要保密；而私钥是由自己拥有的，并且必须妥善保管和注意保密。

5.1.4 KeyStore 文件

KeyStore 就是加密后的私钥，它是将私钥以加密的方式保存成为一份 JSON 文件，KeyStore 必须配合钱包密码才能使用。进行钱包恢复，需要导入 KeyStore 文件，以及输入正确的密码。

5.1.5 助记词

助记词可以通过算法计算出私钥，所以助记词实际上就是私钥的另一种表现形式。助记词支持多种语言，常见的是汉字、数字、英文单词。一般的长度为 12、15、21、24 个字符。助记词的功能等同于私钥，如果别人拿到了你的助记词，就可以用来导入钱包，进而进入钱包并拥有这个钱包的掌控权。

最常见的助记词形式是 12 个英文单词，例如 dawn、feed、slush、police、modify、basket、secret、crush、sense、repeat、use 和 hat 这 12 个单词就构成了一组助记词。

助记词通常会有备份，常见的备份形式有两种，即实物备份和电子备份。实物备份主要是备份在纸上，如助记词板或是助记词卡片上；电子备份通常是照片、截图或是邮件等。

5.1.6 区块链钱包的分类

区块链的钱包多种多样,我们可以从不同的维度对区块链钱包进行分类。从私钥的持有者的角度对钱包进行分类,可以分为中心化钱包和去中心化钱包。中心化钱包的私钥由平台进行管理,常见的如币安交易所、火币交易所等;去中心化钱包的私钥由用户自己管理。

根据是否联网,可以把钱包分为冷钱包和热钱包。热钱包指的是与网络连接的在线钱包,常见的热钱包有电脑端钱包和手机 App 钱包。电脑端钱包是指在电脑浏览器中安装相应的钱包应用,实现网页版钱包的使用,但是目前网页版钱包应用不多,也存在不少弊端,不太主流。手机钱包 App 是指在手机上安装相应的 App,进行虚拟货币的转账操作,使用起来比较便捷,目前常用的钱包 App 有 TokenPocket、火币钱包、imToken、比特派等,如图 5-1 所示。

图 5-1 主要手机 App 钱包

冷钱包指的是脱离网络的离线钱包,一般是指硬件钱包这种不联网或无法联网的工具。硬件钱包的造型各有不同,常见的硬件造型如图 5-2 所示。

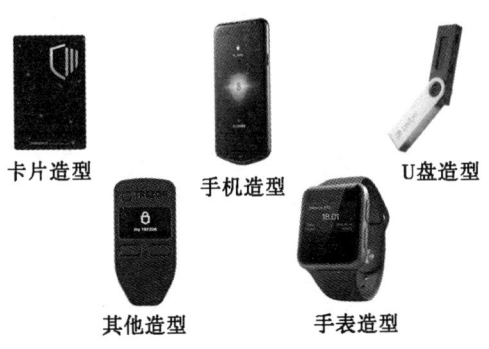

图 5-2 外形千奇百怪的硬件钱包

从私钥生成方式的角度来看,我们可以把钱包划分为"非确定性钱包""确定性钱包"及"分层确定性钱包(HD)"。

非确定性钱包:与在钱包中生成的私钥之间没有任何关系,是相互独立的。

确定性钱包:私钥都是由一个"种子"通过算法生成,比如"助记词"就是种子的形式。通过这个方式生成的私钥,只要算法一致,私钥就可以保持前后一致;一个种子可以派生出无限的私钥地址。

分层确定性钱包(HD):是确定性钱包的加强版,为确定性钱包引入"主私钥"概念,即 HD 钱包。它的层级结构是,从主私钥生成的私钥,本身就可以成为一把主私钥,再通过上述方法生成一个确定性钱包。

通过以上对于区块链钱包相关概念的介绍可以知道侦查人员在进行现场搜查时要着重关注是否有备份的助记词、私钥或是中心化平台(交易所)的账号、密码、验证方式等,包括实物备份和电子备份;还要关注手机、电脑端是否有钱包软件,案发现场是否存在硬件钱包;如果找到了钱包但没有找到其他信息,则需要询问嫌疑人让其交出手机密码、钱包密码、交易所密码及验证方式等。

5.1.7 钱包使用教程

本部分将介绍创建虚拟货币钱包以及转账的基本操作,但在不同的钱包中会有一些差别,接下来介绍两个常用的虚拟货币钱包。

(1)TokenPocket 使用教程

钱包下载:进入官网链接 https://www.tokenpocket.pro/,可选择 iphone 和 Android 手机端下载或者电脑桌面端下载。

创建钱包:下载后进行安装,完成后打开 TokenPocket 钱包,点击"我没有钱包",选择想要创建的底层钱包(此处以以太坊钱包为例),点击"创建钱包",依次设置"钱包名"和"密码",然后勾选"服务及隐私条款",点击"创建钱包"。

进入备份助记词页面后,请勿截图助记词,备份后点击"备份完成,进行验证",按照上一步的助记词顺序填入,然后点击"确认",至此,新钱包已经创建成功。

转账操作:打开 TokenPocket,在"资产"页面选择需要提现的代币,在底部点击"转账",选择并点击转账方式(此处以直接转账为例,点击"地址簿转账"可以直接选择地址簿存储的转账地址,点击"扫码转账"可以通过扫描接收地址的二维码填写地址)。

依次填入"收款账号"和"转账数量",选择矿工费(矿工费可选择自定义调节 gas price 和 gas limit),然后点击"确认",确认转账信息无误后,点击"确认支付",输入钱包密码,然后点击"确认"完成转账。

导入钱包:打开 TokenPocket 后,选择"我有钱包",选择需要导入的钱包(此处以以太坊钱包为例),选择导入钱包的方式,此处以选择导入助记词为例，按顺序依次输入助记词，设置钱包名和密码，勾选"服务及隐私条款"后，点击"开始导入"即可完成钱包导入。

（2）库神使用教程

库神钱包分为冷端硬件钱包和热端库神 App 两个部分。

基础设置：打开库神钱包，选择语言，下载安装库神 App 并进行防伪验证，然后设置日期和时间。

创建钱包：点击创建钱包，点击确定；备份助记词，将助记词抄写在助记词卡片上；验证助记词，设置支付密码、钱包名称。

然后打开库神 App，绑定硬件钱包，选择钱包型号，扫码进行绑定。

转账操作：打开库神 App，选择要进行转账的币种（此处选择狗狗币），点击转账；填入要转账的地址，输入金额，设置矿工费，然后再次点击转账。

确认交易信息无误后，使用库神硬件钱包对交易进行签名，打开硬件钱包，点击扫一扫，扫描 App 签名二维码进行构建交易，确认交易信息后点击签名，然后点击确认。

输入支付密码，点击确认，扫码发送。使用 App 扫描硬件钱包上的二维码广播交易。发送成功后，等待到账。

恢复钱包：点击导入钱包，出现导入助记词界面，将备份好的助记词输入，点击确定，输入之前备份的密码，点击助记词增强模式（之前勾选了助记词增强模式），后面操作相同，绑定 App，如果恢复正确，可以看见自己钱包里面的资产。

5.2 链上数据查询

区块链浏览器是应用在区块链数字货币领域的一种特殊的浏览器工具，主要为用户提供查询和浏览区块链上信息的功能。通过区块链浏览器我们可以看到链上的所有信息，只需要输入某钱包地址或者某笔交易的 ID，就可以查询它们的详细信息。目前网上排名比较靠前的几个区块浏览器有 Blockchain. com、Blockchair、Tokenview. com、Etherscan、Bitcoin. com、Tronscan、Chaindigg 等。下面以 Chaindigg 浏览器为例，分币种介绍使用区块链浏览器查询交易的相关操作。

5.2.1 比特币（BTC）

比特币采用的是 UTXO 模型。这里的 UTXO（unspent transaction outputs）指的是"未花费的交易输出"，类似于现实生活中纸币的概念，当 A 想给 B 转 5 元钱时，A 的钱包中只有面额 10 元的纸币，那么 A 首先需要将 10 元纸币换成 2 个 5 元的纸币，然后将其中一张 5 元给到 B，另一张放回自己的钱包里。在比特币中也是同理，每个交易的输入端是消耗之前交易生成的 UTXO，然后在输出端生成新的 UTXO，所以每个比特币地址上的余额就是所有属于该地址的未花费 UTXO 集合。

由于比特币的 UTXO 模式，所以比特币的交易形式并不都是一对一的，常见的交易形式有：一对一、一对多、多对一和多对多的，下面使用 Chaindigg 多币种区块浏览器（info. chaindigg. com）分别看一下这几种交易模式的交易。

浏览器的首页一般都会有搜索框功能，用户可以使用区块高度、区块哈希值、交易哈希值、地址哈希值等指标进行搜索查询。

搜索一笔交易，在搜索框输入交易哈希值，点击右侧的搜索按钮，进入交易详情页面。对于一笔交易的描述会有不同的字段，代表着不同的含义。

比如搜索交易：77f9d720d2f364571556dec082c938478dcdecc5d352108df80aadd6e2869c94。该交易是一笔一对一的交易，从地址 1KQqNGMXBiMce5jeJkb7UWjWdNPcwJbAb2 向地址 12Mqpiqkkek8Z

FDbKkqF7fKSJm2JqYR6Qw 转了 0.00760302BTC,该交易是在 2021 年 10 月 9 日 14:56:57 被打包到区块高度 704185 的区块内。交易的输入端是地址 1KQqNG 前一次交易产生的 UTXO,交易的输出端是地址 12Mqpi 在该交易内新生成的 UTXO。打包该交易支付给矿工的矿工费是 0.00762110-0.00760302=0.00001808 BTC。

接下来看一下一对多的交易,在一对多的模式中,输入端只有一个地址,输出端有多个地址,这种交易通常会在与交易所相关的交易中看到,类似于公司"发工资"的行为。我们可以在浏览器中搜索交易 b5ed424196ccee26a812e1ad9a0d9d12fa58dfaae88f127bf5f188ebd9f5da98,该笔交易有 7 个输出,即有 7 个新产生的 UTXO,每个地址后的金额就是该地址的当前 UTXO 的大小。

通常在一对多的模式中,一对二模式的交易的数量比较多。这是因为比特币是使用的 UTXO 模型,而非账户余额模式,所以当输入端的金额远远超过要转出的金额时,就会产生找零。但并不是所有的一对二模式的输出端都是找零,也可能存在有两个转出方的情况。

多对一的交易指的是在输入端有多个地址,输出端只有一个地址的交易,此类交易大多是归集行为。类似于现实生活中将很多零钱兑换为一个大额纸币的过程。

多对多交易的输入端和输出端地址都不止一个,由于输入输出的个数较多,所以此类交易的"大小"比较大,交易费也会相对较高。

在交易界面,如果想要知道输入端的每笔资金的来源,或者是想要知道输出端的 UTXO 的后续去向,可以点击地址前后"<"">"进行查看。

如果想要了解该交易中某个地址的交易情况则可以点击该地址进入地址详情页面进行查看。在地址页面,会统计每一个地址的交易相关记录,也会展示与该地址相关的所有交易记录。

5.2.2 以太坊(ETH)

对比比特币的"UTXO"余额模型,以太坊使用"账户"余额模型。以太坊丰富了账户内容,除余额外还能自定义存放任意多数据,并利用账户数据的可维护性,构建智能合约账户。实际上以太坊是为了实现智能合约而提炼的账户模型。以账户为单位,安全隔离数据。账户间信息相互独立,互不干扰。再配合以太坊虚拟机,让智能合约沙盒运行。

以太坊作为智能合约操作平台,将账户划分为两类:外部账户(external owned accout, EOA)和合约账户(contract account)。

外部账户是由用户通过私钥创建的地址,也是真实世界金融账户的映射,拥有该地址私钥的任何人都可以控制该地址。就如同银行卡到取款机取款时只需要密码输入正确即可交易一样。外部账户特点:拥有以太币余额,能发送交易,包括转账和执行合约代码,被私钥控制,没有相关的可执行代码。

合约账户是含有合约代码的账户地址。被外部地址或者合约创建,合约在创建时被自动分配到一个账户地址,用于存储合约代码以及合约部署或执行过程中产生的存储数据。

合约账户是含有合约代码的账户地址。被外部地址或者合约创建,合约在创建时被自动分配到一个账户地址,用于存储合约代码以及合约部署或执行过程中产生的存储数据。它是一种拥有合约代码的账户,它不属于任何人,也没有私钥与之对应。因此无人可以拿合约账户当作外部账户使用,只能通过外部账户来驱动合约执行代码来使用。

下面从浏览器的角度介绍以太坊交易。比如搜索交易:0x634172815760b603a7efe1bdb5281f97d783bc413124774672090bbd4b9bf0。除了和比特币交易相同的内容外,还有一些独特的信息,比如 gas 费。gas 是用于测量在以太坊区块链上执行特定操作所需的计算工作量的单位。这个名字本身并不是偶然选定的。gas 其实类似于汽油，后者作为汽车的能量保证汽车可以正常行驶，以太坊网络上的 gas 为交易行为进行"加油"，并允许用户执行不同的操作。在以太坊虚拟机（EVM）上的每一个操作都有一个相对应的 gas 成本。智能合约通常包括多个操作，这些操作加起来甚至可以花费数十万 gas。有趣的是，gas 价格本身并不能告诉我们在某笔交易中需要支付多少钱。要计算交易费用，我们必须将 gas 的数量乘以 gas 价格。gas 的价格单位为 gwei，gwei 的单位比 ETH 要小，1gwei 等于 0.000000001 ETH。我们可以把它们之间的关系看成美分和美元。

在以太坊上的交易被大致分为两类：普通交易和代币交易。交易记录中会汇总显示该地址的所有交易记录。若交易金额显示为 0，证明该交易是一笔触发了合约的交易，可以点击交易哈希详细查看。

5.2.3 波场（TRX）

波场也是使用账户模型，账户的唯一标识为地址（address），对账户操作需要验证私钥签名。每个账户拥有 TRX、Token 余额及智能合约、带宽、能量等各种资源。通过发送交易可以增减 TRX 或者 Token 余额，需要消耗带宽；可以发布并拥有智能合约，也可以调用他人发布的智能合约，需要消耗能量。

带宽代表发送交易大小的字节数，比如转账交易大小为 250 字节则消耗 250 带宽。能量代表智能合约执行消耗时间，比如智能合约执行消耗 100μs 则消耗 100 能量。冻结 TRX 将可以获得带宽或能量，资源价格随着全网提供的资源数量和冻结资源数量波动。冻结 TRX 后获得能量或带宽，同时获得用于投票的 TRON Power。资源解冻需要等待 3 天（以冻结的时间开始计算），解冻将会返回 TRX，并移除相应的资源和 TRON Power。所有交易皆需要消耗带宽，比如转账和智能合约调用。部分交易需要消耗能量，比如智能合约调用（TRC-20 转账和 DApp 使用）。激活账户每 24 小时拥有免费 5000 带宽资源，可用于每日 TRX 和 TRX-10 代币 10 多笔免费转账。被消耗的带宽与能量资源将会在 24 小时内逐渐恢复。

5.3 交易所

加密货币交易所是指进行加密货币间、加密货币与法币间交易撮合的平台，是加密货币交易流通和价格确定的主要场所。交易所分为中心化交易所和去中心化交易所。中心化和去中心化最核心的不同在于账户私钥是否掌握在用户手里。

加密货币交易所主要通过收取交易手续费、项目上币费，以及加密货币做市商业务赚取差价等方式盈利。

目前虚拟货币市场的交易主要由中心化交易所主导，比如币安、火币和 OKX 等。交易流程类似银行，用户把自己的加密货币资产转入交易所，在交易所的背书下完成币币交易，最后再把资产提取到自己的钱包。在交易所开户需要通过 KYC 认证，即上传自己的 ID 等个人资料。

下面介绍交易所的使用教程。需要注意的是，目前由于政策监管原因，主要虚拟货币交易所都不支持国内用户注册或交易，因此下方教程使用的是一个具备主要交易所功能的模拟交易平台。

5.3.1 登录注册

首先进入交易所主界面，需要注意的是，目前由于政策监管原因，主要虚拟货币交易所都不支持国内用户注册或交易。交易所的首页上一般都会有注册或登录按钮。

在主界面点击"注册"，填写"手机号码"点击"发送验证码",输入正确的验证码,并填入"登录密码",确认密码后点击"注册"即可注册成功。注册成功后就可以登录交易所账户了。还有的交易所可以使用邮箱注册,注册流程和手机注册过程相似,只是验证码需要通过邮箱接收。

5.3.2 实名验证

在完成账号注册后,很重要的一步是要完成实名验证。为了配合警方调查,很多中心化交易所都会强制用户需要进行实名验证后才可以进行完整交易行为。交易所的实名验证可能会有不同级别的验证方式,就对应了不同级别的交易额度限制等。在这里以最常见的身份证照片验证举例。用户需要完成交易所要求的身份证验证方式才能开始进行正式交易,实际情况中可能会随交易所规定有变化。

5.3.3 法币交易 OTC

OTC(场外交易平台,又称柜台交易市场或店头市场),和交易所市场完全不同,OTC 没有固定的场所,没有规定的成员资格,没有严格可控的规则制度,没有规定的交易产品和限制,主要是交易对手通过私下协商进行的一对一的交易。

在支持 OTC 交易的交易所中,用户可以使用 OTC 交易进行法币与虚拟币之间的兑换。如果想要用法币购买虚拟币的话,可以首先选择想要购买的虚拟币种,之后平台会显示不同的卖家的虚拟币报价,用户选择合适的卖家后可以有多种选择进行法币支付,通常是通过微信、支付宝、银行卡转账等形式完成交易。

5.3.4 币币交易

币币交易主要是针对虚拟币和虚拟币之间的交易,以其中一种币作为计价单位去购买其他币种。币币交易的规则同样是按照价格优先、时间优先的顺序完成撮合交易,直接实现虚拟币之间的兑换。交易流程如下：选择交易对；查看价格；填写订单；点击买入。

在进行币币交易之前，通常都需要先进行法币交易购买虚拟币，若已经持有虚拟币想要兑换成另一币种即可进行币币交易。比如你想用 USDT 去兑换 BTC，首先点击"币币交易"，选择 BTC/USDT 的交易对，点击 USDT 下的 BTC 就可以进入这个交易对的交易页面。

5.3.5 接收和发送

虚拟货币交易所一般都会为用户个人提供接收各种虚拟货币的地址，在交易所中点击进入"我的钱包"或者"我的账户"页面，可以看到个人在交易所的虚拟货币地址。当需要接收虚拟货币时，可以将该地址或匹配的二维码发送给需要给自己转账的人。

虚拟货币交易所同样支持向其他地址发送虚拟货币，进入钱包页面后，选择需要发送的虚拟货币种类，然后点击"发送"按钮便可以进入发送页面。在发送页面中，交易所会提示输入接收人的地址和需要发送的金额，当发送交易在链上确认之后，交易所会提示发送成功并将该交易的哈希信息展示出来。

5.4 DeFi 的组成和功能

DeFi 的全称是 Decentralized Finance，即去中心化金融。DeFi 项目利用智能合约技术实现了传统金融机构的各种功能，如衍生品、借贷、交易、理财、资产管理和保险等。DeFi 与传统金融机构最大的区别在于其去中心化，不依赖任何第三方中介机构实现金融功能。

下面详细介绍一下 DeFi 中比较重要的组成部分和功能。

5.4.1 去中心化交易所 DEX

去中心化交易平台（DEX）是另一种主流加密货币交易平台。

DEX 提供的许多基础服务与中心化交易平台相同。不同之处在于，DEX 利用区块链技术匹配买卖订单。在多数情况下，DEX 用户无须创建账户即可与其他用户直接交易，所持资产也不必转入 DEX。

交易活动通过智能合约直接在交易者的钱包内完成。智能合约是区块链中自动执行的代码片段。许多用户倾向于在 DEX 交易，因为与常规交易平台相比，DEX 能够妥善保护隐私并提升交易自由度。然而，DEX 也有不足之处。例如，出现问题时，缺乏身份认证和客户支持会产生很大的问题。

Pancake Swap 和 Uniswap 等自动化做市商（AMM）模式是一种新兴模式。AMM 也使用智能合约，但采用不同的定价模式。买方利用流动性资金池中的资金交换所持代币。为资金池注资的流动性供应商向使用资金池的所有用户收取交易费用。

接下来以 Uniswap 为例，简单看一下去中心化交易所的使用。

（1）使用 TokenPocket 连接 Uniswap

我们可以通过多链钱包 TokenPocket 来连接 Uniswap 进行交易。在 TP 钱包的发现界面的 DeFi 区，找到 Uniswap 并点击进入。

（2）币币兑换

在兑换界面中，输入表示的是拿来用于兑换的币种，而输出表示的是兑换后的币种。

例如拿 LRC 兑换 KNC，输入部分要选择 LRC，而输出部分要选择 KNC。

在选择好输入输出币种后，输入填写数量，即用于兑换 KNC 的 LRC 数量，可以收到的 KNC 数量就会根据 LRC/KNC 当前的汇率自动计算出来并填充。

输入完成后，点击"授权 LRC"按钮，然后点击右侧的"兑换"就可以完成 LRC 和 KNC 之间的兑换了。

（3）发送

在 Uniswap 的发送界面中，主要有两个功能。

一个是转账功能。选择要转出的币种，输入转账数量以及接收地址，然后点击"Send"就可以转账了，这和一般的钱包转账也没什么区别。

（4）资金池

在 Uniswap 中，除了可以用于代币兑换之外，还可以加入 Uniswap 的资金池，通过为 Uniswap 提供流动性而赚取收益。

首先在"资金池"界面中点击"加入一个资金池"按钮，然后选择一个流动性池，例如选择 ETH/USDT，在选择了流动性池后，输入要存入资金池的币种数量。输入完成后，点击下面的"授权 USDT"，然后点击"供应"就可以加入资金池了。

5.5 NFT 的发布和购买

代币分两种，我们一般看到的是同质化代币（FT），如 BTC、ETH 等长期以来交易的加密资产。美元也是一种同质化代币。美元可以进行简单交换，即使序号不同也不影响替换，如果价值相同，钞票面额大小对持有者来说没有区别。

NFT（Non-Fungible Token）又称为非同质化代币，其包含了记录在其智能合约中的识别信息。这些信息使每种代币具有其独特性，因此不能被另一种代币直接取代。它们不能以一换一，因为没有两个 NFT 是相同的。此外，非同质化代币也不可分割。非同质化的独特属性使得它通常与特定资产挂钩，可以用来证明数字物品的所有权，甚至实物资产的所有权，主要应用于游戏和加密收藏品领域。

NFT 项目涵盖了综合交易平台、加密艺术平台、潮玩收藏、游戏、虚拟世界、域名、社交、NFT + DeFi、项目启动平台等领域。

OpenSea 是 NFT 在线交易市场。下面以 OpenSea（www.opensea.io）为例，介绍如何发布及购买 NFT。

5.5.1 创建 OpenSea 账户

进入 OpenSea 主页面后，点击右上角个人资料图标，选择"Profile"，紧接着系统会提示用户连接钱包，并展示出可供选择的钱包列表，用户在其中选择一个即可。

创建账户后就可以在 OpenSea 上进行 NFT 交易了。

5.5.2 创建 NFT

连接钱包后，在 OpenSea 主页上点击"Create"，页面跳转至"CreateNewItem"，用户可以上传自己的 NFT 文件，对该作品命名，选择需要在哪个区块链上铸造 NFT，其他内容选填，点击页面下方"Create"，即可创建成功。

5.5.3 出售创建的 NFT

选择创建好的 NFT，点击右上角"Sell"，进入"Listitemforsale"页面，用户可以在此页面选择出售的价格和类型。"Fixed Price"表示出售价格固定不变。"Timed Auction"表示定时拍卖，卖给出价最高的人。用户可以在"Duration"下面设置一个出售期限。

用户还可以选择"Sellasabundle"把 NFT 和其他 NFT 一起加入捆绑出售，也可以选择"Reserveforspecificbuyer"将该 NFT 指定卖给一个买家，将买家地址输入于"Reserveforspecificbuyer"下方编辑框即可。

另外，出售是需要支付服务费的，在 OpenSea 售出一个 NFT 最高将付出 2.5% 的服务费和 10% 的作家版权费。

以上参数都设置完成后。点击页面下方"Completelisting"，系统会要求用户在交易上签名来确认出售，交易完成后，这个NFT的出售就完成了。

5.5.4 购买NFT

用户选择想要购买的NFT，选择"Buynow"按钮，并按照你钱包中的提示操作。一旦交易完成，该物品将转移到你的钱包，卖家将收到资金。

5.6 发行项目

在以太坊、波场链、币安智能链等支持智能合约的区块链发展起来之后，项目方发行项目的过程进一步简化，只需要通过几步就可以发行自己的代币进行融资。

5.6.1 发币

随着区块链技术的发展，区块链和虚拟货币项目方发行虚拟货币进行融资的方式也在变化，随着发行虚拟货币的复杂度和成本的降低，现在使用以太坊、波场、币安链等支持智能合约的公链发行代币进行融资已经成为业内的主流。

一些网站甚至已经提供了"一键发币"的模式，发币者只需要提供代币的名称、缩写、数量、小数点位数等基本信息就可以实现代币的发行。

这种发币方法即便是完全不懂Solidity语言和区块链技术，也可以快速地使用合约模板进行代币发行。但是这种发币方法的缺点是没有办法为自己的代币根据实际使用场景和功能增加更多复杂的功能，仅能作为一种代币在不同地址间进行转移。

想要实现定制化的功能，则需要自己编写或修改智能合约代码进行代币发行，这需要将合约代码进行编译上传，这里我们以波场区块链测试网为例，在上面快速发行一种虚拟货币。

（1）测试网

测试网是和公链主网相平行的一个区块链网络，所有配置和功能基本保持和主网一致，当主网要进行功能升级时，可以先在测试网上进行部署和测试，以更好地发现问题。同样对于一些智能合约，在部署到主网之前，可以先在测试网上部署，在进行完功能测试之后再集成到主网上。

对于一个公链来说，可能会同时存在多个测试网。在测试网上同样也会存在该公链的虚拟货币，测试网上的公链虚拟货币被称为测试币，测试币没有价值，只能在测试网上用于测试，很多不法分子会用测试网上的测试币欺骗不了解这一点的投资者。

对于开发人员有使用测试币需求的，可以向该测试网的维护方进行申请，对方会根据实际情况和需求向开发人员的地址中转入测试币。

（2）合约准备

由于很多智能合约都是开放源代码的，如果我们想发行的某个代币的功能和一个已经存在的代币功能类似，则可以去看看能否找到该代币的源代码。

以在波场链上发行的泰达币为例，我们在这个 Token 的合约界面可以看到下方有合约标签，点击合约标签下方的代码标签，就可以看到合约的代码。不过需要注意的是，并非所有智能合约的代码都是开放的。

除了代码之外，我们还可以看到合约的应用程序二进制接口（ABI）和字节码。

（3）合约部署

在自己的代币合约修改完成之后，就可以进行合约部署。这同样可以通过波场浏览器进行。

由于我们是使用测试网发行虚拟货币，那么则需要将波场浏览器切换为测试网，相应的波场钱包连接的区块链也要切换为对应的测试网。这之后，点击首页区块链菜单下的合约部署。

选择上传自己修改后的智能合约文件，合约上传完成之后，点击编译。编译时需要选择和自己的智能合约代码匹配编译器版本。

编译成功后，就可以点击部署按钮。部署时可以设置合约名称等相关参数。由于部署合约需要支付手续费用，所以在确认之后需要使用数字钱包进行签名。签名后约 1 分钟，就会提示合约已经部署成功。页面还会提示新合约的地址和创建合约的交易哈希。

这时我们的代币也已经创建成功，但是在波场浏览器上还查不到我们的代币，我们需要通过点击通证菜单下的通证录入来输入通证信息。

我们创建的是 TRC20 合约，因此在这里选择 TRC20。之后选择输入代币的合约地址、简介、官网、邮箱等信息，就可以进行提交。提交时同样需要使用钱包进行一次签名。这时我们在合约页面就能看到有代币的名称显现出来。

5.6.2 智能合约开发环境

Solidity 是一种用于编写智能合约高级语言，运行在 Ethereum 虚拟机（EVM）之上。Solidity 是一种面向对象的高级语言，用于实现智能合约。

Solidity 语言受到了 C++、Python 和 JavaScript 的影响，但作为一种真正意义上运行在网络上的去中心化编程语言，它也有一些自己的特点：

①以太坊底层是基于用户账户的，所以有一个特殊的 Address 的类型，专门用于定位用户和合约；

②由于语言内嵌框架是支持支付的，所以提供了一些关键字，

如payable，可以在语言层面直接支持支付；

③使用区块链作为数据存储，数据的每一个状态都可以永久存储，所以需要确定变量是使用内存还是区块链进行存储；

④Solidity的运行环境是在去中心化的网络上，需要注意合约或函数执行的调用方式；

⑤Solidity语言编写运行的程序有着特殊的异常机制，一旦出现异常，所有的执行都将会被回撤，主要是为了保证合约执行的原子性，以避免中间状态出现的数据不一致。

Remix IDE是一个开源的Web和桌面应用程序。它拥有一套丰富的带有直观GUI的插件，是一个强大的开源工具，有用于测试、调试和部署智能合约等模块，可帮助用户直接从浏览器编写Solidity合约。

（1）资源管理器（FILE EXPLORERS）

Remix已经为用户准备好了包含投票合约在内的三个经典智能合约供使用者测试。如果需要新建智能合约只需要选择"New File"即可创建一个新的合约。

（2）编译器（SOLIDITY COMPILER）

当你已经编写完自己的智能合约代码后选中你的合约进行编译。

"COMPILER"一栏，点击"+"可以导入自定义Solidity编译器，下方可以选择solidity的版本，solidity版本迭代很快，可能同样的代码在上个版本成功运行，这个版本就会报错。

在"LANGUAGE"选项框中下拉菜单可以选择语言。

在"EVM VERSION"一栏你可以选择从"家园"阶段开始直到现在的以太坊版本，不指定则使用默认的以太坊版本。

单击编译按钮时，将触发编译。如果需要每次保存文件或选择其他文件时都编译文件，就选中自动编译复选框（Enable optimization)。编译错误和警告显示在合同部分的下方。在每次编译中,都会生成报告。

(3)部署和运行(DEPLOY & RUN TRANSACTIONS)

如果你的编译没有发生错误那么你可以开始部署你的合约。

在"ENVIRONMENT"一栏你需要选择你的部署环境,"JavaScript VM"环境下你会将合约部署在本地中不会连接节点,可以用于测试之中;在"Injected Web3"下你会启用网页插件部署合约;在"Web3 Provider"环境下部署的合约将会直接连接节点,请确认无误后再部署以免造成损失。

"ACCOUNT":输入你要部署的账户 Hash。

"GAS LIMIT":设置交易 gas 上限。

"CONTRACT":显示合同名称。

(4)插件管理器(PLUGIN MANAGER)

Remix 把许多功能归纳到了自定的插件中,我们可以点击插件管理器来添加我们需要的组件。其中包括了 DeBug、安全性分析等常用组件。

第 6 章

虚拟货币犯罪研判

> **主要内容**
>
> 本章重点关注虚拟货币违法犯罪问题。在概述部分，介绍了虚拟货币在犯罪活动中的作用以及打击涉虚拟货币犯罪的难点，之后针对虚拟货币应用较广泛的传销、诈骗、盗币、非法买卖、赌博等领域进行了介绍，并对一款主流的虚拟货币追踪工具进行了介绍。

虚拟货币在诞生之后，特别是在其价值被越来越多的人认可之后，虚拟货币在非法犯罪领域的应用潜力也显现了出来。目前，虚拟货币已经被用于洗钱、诈骗、勒索、支持恐怖活动等多种非法活动，因此，掌握对涉虚拟货币犯罪的研判方法对于监管和执法部门来说非常有必要。

6.1 虚拟货币犯罪概述

由于虚拟货币具有去中心化、匿名性、跨国性以及交易快捷、不可撤销等特点，使用虚拟货币实施犯罪已经成为一种新的犯罪手段。

对于犯罪分子来说，使用虚拟货币可以快速实现转移资产的目的,并且在整个资产转移的过程中,可以绕过传统的银行、第三方支付平台等需要实名化的机构,既避免了被警方通过传统的金融系统追查资金去向,又隐藏了自己的真实身份。

并且使用虚拟货币不受犯罪分子所在国家、地区的限制,通过全球的区块链网络,犯罪分子可以在全球任意地区控制资金转移,实施犯罪活动。

对于一些具备技术能力的高智商犯罪分子,他们还会使用智能合约等高级的区块链功能,将犯罪行为由线下和网络转移到区块链上。由于智能合约一经部署自动执行,并且参与者均为匿名,这更是增大了执法机关打击虚拟货币相关违法犯罪行为的难度。

涉及虚拟货币犯罪类型五花八门,涉及传销、诈骗、盗币、买卖非法物品、赌博、洗钱、恐怖融资和敲诈勒索等。来自区块链数据公司 Chainalysis 的数据显示,2021 年涉及加密货币的犯罪金额达到了 140 亿美元,创下历史新高。

针对匿名性的虚拟货币、新型的犯罪手法以及庞大的犯罪金额,虽然传统的关于法定货币犯罪的分析思路仍然具有指导意义,但是传统的分析方法已经无法完全适用,而是需要一套专门的关于虚拟货币犯罪研判的方法,对相关的犯罪主体、资金层级流向、技术实现进行深入分析。

6.2 虚拟货币在犯罪活动中的作用

在不同的涉虚拟货币犯罪活动中,虚拟货币所扮演的角色也各不相同,按照虚拟货币在犯罪活动中的作用,主要分为下面几种情况:

(1) 虚拟货币作为支付手段

由于虚拟货币的匿名性等特征,一些购买枪支、毒品、公民信息等非法物品的犯罪分子往往会使用虚拟货币作为支付手段,以隐藏自己的资金支付路径,达到非法支付的目的。此外,越来越多的计算机勒索活动也都要求受害人用虚拟货币作为支付赎金的手段。

在此类犯罪活动中,使用较多的虚拟货币除了比特币、以太坊、泰达币外,还有门罗币、达世币等以隐私著称的虚拟货币。

(2)虚拟货币作为入金工具

在一些经济类犯罪中,比如传销、诈骗、非法吸收公众存款等,犯罪分子将其传统的线下或网络犯罪活动转移到区块链上,要求参与者或受害者先去交易所等平台购买虚拟货币,然后再将虚拟货币转入犯罪分子指定的地址,从而实现其犯罪行为。

在此类犯罪活动中,使用的虚拟货币主要是比特币、以太坊、泰达币等主流虚拟货币。

(3)虚拟货币作为洗钱工具

由于虚拟货币可以不受监管的转移,所以也成了一些传统犯罪分子洗白赃款的优选解决方案。比如在电信诈骗案件中,犯罪分子通过各种手段骗取了受害者的钱财,之后便迅速将其通过某些交易所、换币平台或洗钱团伙将其兑换为虚拟货币,然后再将虚拟货币转移到其控制的钱包中。

(4)虚拟货币作为犯罪对象

随着虚拟货币市场规模的增大和活跃,虚拟货币的价值也越来越高。这也吸引了犯罪分子的注意。

以虚拟货币为对象的犯罪活动包括使用钓鱼软件等窃取受害人的交易所账号密码、通过植入木马控制受害人的计算机和数字钱包等。

(5)非法虚拟货币"挖矿"

目前在中国虚拟货币挖矿行为由于能耗高被发改委列为淘汰产业,但是在暴利的驱使下,仍然有大量不法分子抱着侥幸的心理,进行虚拟货币挖矿活动。其中甚至有人通过各种手段盗取电力进行挖矿。

(6) 虚拟货币作为"幌子"

随着过去几年中虚拟货币、区块链、去中心化金融、非同质化代币、元宇宙等区块链概念的火热,很多犯罪分子利用公众对这些技术缺乏了解却又急于投资的心理,打着虚拟货币的"幌子"诱骗受害人投资。在此类犯罪活动中,很多犯罪分子事实上并未真正使用虚拟货币,虚拟货币只是其用来诱骗受害人投资达到非法占有对方资金的一个噱头。

6.3 打击虚拟货币犯罪的难点

(1) 资金查清难

虚拟货币相关案件的嫌疑人或犯罪团伙通常都会在区块链上的多个地址之间转移资金,其中还会牵涉到其他洗钱团伙、交易所、换币平台、混币平台等,增加了对涉案资金进行追踪的难度。

(2) 身份落地难

虚拟货币相关案件的嫌疑人同受害人和同伙之间的资金流动主要是以虚拟货币的方式进行,加之很多犯罪分子都具有一定的反侦查意识,其真实身份很难通过常规的手段找到。

(3) 平台关停难

一些平台类犯罪活动使用智能合约、去中心化交易所等方式实施犯罪行为,因此在对其进行打击时还涉及关停平台的问题。对于传统网络犯罪来说,只需要控制网站服务器就可以进行关停,但是区块链上的智能合约一经部署自动执行,需要使用更为专业的手段和方法进行相关关停操作。

(4) 资产处置难

虚拟货币相关案件的涉案资产主要是虚拟货币,对其进行冻结、处置时要使用数字钱包等专业工具,收缴后还需要将虚拟货币兑换为法定货币收归国库。侦办人员需要能够与时俱进学习新知识、掌握新技术,还需要掌握区块链、虚拟货币等专业知识才能妥善处理。

6.4 虚拟货币追踪工具

逐迹虚拟货币追踪查证平台,是一个服务于公安等监管机构的虚拟货币侦查服务平台,是依托全球领先的人工智能技术、全网海量的地址数据库、精准的情报溯源分析能力、多年的案件支撑实战经验,打造的集态势、查询、追踪、分析、监控等为一体的实战工具,适用于研判分析涉虚拟货币的各种类型犯罪,能够协助办案人员自主进行分析研判。

逐迹虚拟货币追踪查证平台的主要功能包括态势感知、资金分析、通用工具等。

6.4.1 风险态势感知

该平台基于人工智能和大数据分析技术,通过部署在区块链网络的数据探针结合自身积累的海量地址标签库,对链上交易行为分析建模,监测链上实时交易行为中的安全威胁,基于数据可视化平台进行全面展现。用户运行可执行文件后即可登录。

态势感知页面中主要关注的风险指标包括:

(1) 风险地址数

发生风险事件的关联地址的数量,即平台高风险地址库中的地址的数量。目前平台的风险分类包括传销、赌博、诈骗、洗钱、非法集资等。24小时更新一次。

(2) 风险交易数

基于舆情分析,追踪分析行业媒体和相关类别案件发生处理情况,基于风险动态模型进行综合判断,展示交易数。风险分类同风险地址分类（传销、赌博、诈骗、洗钱、非法集资）。

（3）相关信息

对行业媒体和相关类别案件情况及大事件进行滚动展示。

（4）大额异动消息

对发生的大额异动交易进行提示。

（5）数据覆盖范围

展示态势感知平台的数据来源及不同来源产生的区块链敏感事项数量，当前支持三类信息来源，包含服务商渠道、公链链上采集渠道和互联网公众信息渠道（舆情）。

（6）币种价格

以火币交易所行情数据为基准，以图形化方式展现平台支持币种的价格趋势。

6.4.2 资金分析

将原始交易数据转换为可视化的资金流向图谱，描绘可疑地址资金转移路径，使资金来源及去向一目了然，当前支持 BTC、ETH、USDT-ERC20、USDT-TRC20 四种类型币种的分析。界面如下：

（1）BTC 资金分析

在资金分析页面点击 BTC 即可进入 BTC 资金分析页面，在搜索栏中输入地址可以查询相关地址的详细信息，具体包含地址画像、钱包画像、资金来源/去向分布、余额变化、交易次数、交易额度、交易活跃区间等内容。

地址画像中的信息包括地址余额、最新交易、转入转出次数额度、常用地点、IP、来源去向分布/频次等。

在资金分析页面，还可以选择导出该地址相关的交易记录、对涉及该地址的交易进行监控以及收藏该地址等。

智能追踪功能主要基于指定地址的数字货币资金往来信息，

自动绘制相关的资金关系图谱,支持按照来源、去向对图谱进行筛选裁剪,并支持图谱的命名保存。保存的图谱会显示在进入币种后的功能首页中。

除了智能追踪以外,用户还可以手动对 BTC 进行追踪。

(2) ETH、TRX 资金分析

"ETH""USDT-ERC20"和"USDT-TRC20"资金分析是在 BTC 分析的基础上进行全新升级。将原手动分析与智能分析功能进行整合,新增"节点菜单""分析面板"与"系统工具"三项强大的功能组合,可进行多维度可视化研判与灵活的绘图,如信息研判、数据标签、自定义标注等。

ETH、TRX 资金分析的流程总体上包括三个步骤:"输入目标地址",将目标节点添加上图;"扩展分析",利用用户画像,包括地址标签等研判信息,识别出可疑节点,并对可疑节点进行扩展分析,生成下一个层级(或多层)的资金流向预览图;"选节点上图",从上一步生成的预览图中,继续利用地址画像、地址标签等研判信息,识别出这些扩展层级中的可疑节点,并选择上图,将可疑节点添加到当前的资金流向图中。

之所以是首先生成预览图,而不是直接将扩展分析结果成图,原因在于,随着分析层级的深入,交易数量会呈指数级放大,不加选择地直接成图,可能会将海量的无关交易添加到分析图中,线索将淹没在节点和边的"海洋",给后续分析带来巨大麻烦。"先预览再上图"这是一个"有的放矢"的分析策略。

在搜索栏中输入需要追踪的目标地址哈希之后,即可将目标节点添加到资金分析图中。使用鼠标左键单击地址节点,地址周围出现针对该地址的多个选项菜单,包括"扩展""标注""监控""详情""导出""删除"。通过这些选项菜单,可以进行更多下一步的操作。

此外，我们也可以通过"查看交易集详情"，对交易细节进行分析研判，从而进一步明确分析思路及下一步策略。节点之间的线条，表示两个交易对手地址之间的交易集合，即含有一条或多条交易记录。鼠标左击线条，页面右侧展开"分析面板：交易集详情"，可以查看两个交易对手的交易统计信息和交易记录信息。

对于绘制完成的知识图谱，可以通过点击页面左侧"图谱存档"菜单图标，可对当前资金分析图进行存档，也可以点击页面左侧"导出 XMIND"菜单图标，可将当前资金分析图导出为 XMIND 格式文件。

当分析图中含有交易所节点时，点击页面左侧"一键生成调证函"菜单图标可以添加调证任务，随后可在"用户中心""调证函"中预览、下载调证函。

6.4.3 通用工具

逐迹虚拟货币追踪查证平台还集成了多个通用工具，以提高研判的效率和准确性，主要工具包括交易记录导出、交易关系图谱、地址异动监控、调证引导和调证文档分析等。

（1）交易记录导出

通过使用链上交易数据导出工具，可以基于币种、时间区间、交易方向、交易额度的数据筛选规则，将交易数据以 Excel 格式导出。

（2）交易关系图谱

基于结构化交易数据，完成交易数据的图谱分析，系统支持多个外部数据源的分析，同时支持本系统内部导出的交易记录分析。提供针对生成图谱的节点数量调解、追加导入、屏蔽地址、自定义标注、图谱设定、保存图谱等功能。

（3）地址异动监控

针对特定地址进行监控，发生异动后通过短信/邮件等通知方式进行及时提醒。

（4）调证引导

针对特定地址进行调证，选择调证机构，按照提示填写相应调证信息，生成对应的调证函模版。

（5）调证文档分析

对交易所应对调证请求的响应文件，进行数据分析。按照交易所归属，将相应的调证文件上传到平台（拖拽/上传），平台分析调证文档后，给出分析结果。

载入调证数据后，平台可以直接展示业务主体和交易图谱的匹配结果，同时支持对数据进行准确度校验。

第 7 章

虚拟货币相关监管政策

> **主要内容**
>
> 本章重点关注虚拟货币在全球的监管情况，包括我国相关部门在不同时期发布的涉及虚拟货币的文件、通知等，也包括美国、加拿大、新加坡、澳大利亚、日本、韩国等国的虚拟货币监管政策。

由于虚拟货币常被用于各种非法犯罪活动当中，如何对其进行监管也是各国的执法部门格外关心的问题。目前全球各国对虚拟货币的态度不一，对虚拟货币监管的侧重点也有所不同。

7.1 中国监管政策

中国政府一直鼓励区块链技术的研究和发展，将其视为重要的创新领域，提出了一系列支持政策，包括资金支持、技术研究和产业发展等方面的支持。中国区块链政策强调了加强顶层设计和统筹规划，政府将加大对区块链技术研发和应用场景创新的支持力度，建立健全区块链产业发展的政策体系和技术标准体系，推动区块链与人工智能、大数据等新一代信息技术的深度融合。同时，政府还将加强对区块链产业的监管，确保区块链应用的安全可靠。

对于数字货币,中国央行开发了数字人民币(DC/EP),并在一些城市进行了试点测试。这一举措旨在推动数字化支付和金融体系的改革,同时加强对加密货币的监管。

我国区块链政策提出了加强创新驱动和产业发展。政府鼓励和支持企业、高校、科研机构等各类主体进行区块链技术研发和创新,培育一批具有核心竞争力的区块链企业和创新团队。同时,政府将加大对区块链产业的投资力度,推动区块链技术在金融、供应链管理、物联网等领域的广泛应用,助力实体经济的数字化转型升级。同时,中国区块链政策强调了加强法治建设和风险防控。政府将加强对区块链应用场景的监管,严厉打击区块链技术的非法使用和滥用行为,并且推动区块链技术的法律法规建设,为区块链应用和发展提供良好的法律环境和制度保障。

总之,中国区块链政策为区块链技术的创新与应用提供了有力的支持和指导,将为中国数字经济的高质量发展提供强大动力,引领中国走向数字经济新时代。

7.1.1 《关于防范比特币风险的通知》

2013年12月3日,中国人民银行、工业和信息化部、中国银行业监督管理委员会、中国证券监督管理委员会、中国保险监督管理委员会联合发布了《关于防范比特币风险的通知》(以下简称《通知》)(银发〔2013〕289号),针对当时在国内已经引起广泛关注的以比特币为代表的虚拟货币发表了专门的声明。

该通知虽然不具备法律、行政法规的强制力,但仍然对我国的虚拟货币监管政策产生了重大影响,并为日后监管工作打下了基础,成为相关执法行动的监管依据。

《通知》在一开始就为比特币等虚拟货币进行定性,认为比特币等虚拟货币不是由货币当局发行,不具有法偿性与强制性等货币属性，因此并不是真正意义的货币。并且从性质上看，比特币等虚拟货币应当是一种特定的虚拟商品，不具有与货币等同的法律地位，不能且不应作为货币在市场上流通使用。

在为虚拟货币定性之后，《通知》进一步提出了对相关金融机构和支付机构的监管要求，包括：金融机构和支付机构不得以比特币为产品或服务定价、不得买卖或作为中央对手买卖比特币、不得承保与比特币相关的保险业务或将比特币纳入保险责任范围、不得直接或间接为客户提供其他与比特币相关的服务等。

简言之，金融机构和支付机构不能向公众提供比特币等虚拟货币服务，并严格禁止从事类似的业务。

此外，《通知》中还明确提到需要加强对涉及比特币等虚拟货币内容的网站的管理，要求关闭相关违法网站，在防范比特币可能产生的洗钱风险的同时，还要求加强对社会公众货币知识的教育及投资风险提示。

《通知》开创了国内虚拟货币监管的先河，遏制了当时国内的比特币投资热，奠定了中国虚拟货币监管的大的基调。

7.1.2 《关于防范代币发行融资风险的公告》

2017年9月4日，中国人民银行、中共中央网络安全和信息化领导小组办公室、工业和信息化部、国家工商行政管理总局、中国银行业监督管理委员会、中国证券监督管理委员会和中国保险监督管理委员会共同发布《关于防范代币发行融资风险的公告》（以下简称《公告》），该公告主要针对当时虚拟货币行业中愈演愈烈的代币发行融资（ICO）行为。

《公告》中明确表示，代币发行融资属于非法公开融资，涉嫌违法犯罪活动，任何组织个人不得从事此类活动。并再次重申，代币发行融资使用的代币或虚拟货币不具有法定货币地位和货币属性，不能作为货币在市场上流通和使用，禁止金融机构和支付机构为其提供相关服务。

对于相关平台，《公告》要求代币融资交易平台不得从事法定货币与代币、虚拟货币相互之间的兑换业务，不得提供定价、信息中介等服务。存在违法违规问题的平台将被关闭和处理。与此同时，金融机构和非银行支付机构也不得直接或间接为代币发行融资和虚拟货币提供产品或服务，不得承保相关保险业务。

《公告》再次向投资者提示虚拟货币交易和代币发行融资可能存在的多重风险，希望社会公众应当加强风险防范意识和识别能力，并及时举报相关违法违规线索。

《公告》的发布遏制了当时虚拟货币投资领域出现的代币发行热，相较于2013年的《关于防范比特币风险的通知》中的监管措施、手段也更加严苛。

7.1.3 《关于防范比特币等所谓"虚拟货币"风险的提示》

2017年9月13日，中国互联网金融协会发布《关于防范比特币等所谓"虚拟货币"风险的提示》，该提示是在互联网金融领域对《关于防范代币发行融资风险的公告》的延伸解读和落地。

上述公告主要提示了比特币等所谓"虚拟货币"存在的风险及其投资人应当注意的问题，并呼吁社会公众正确了解虚拟货币，保护自身权益。同时，该公告也强调了虚拟货币被用于违法活动的风险，以及虚拟货币交易平台存在的技术与法律风险。

最后，该公告呼吁互联网金融行业各会员单位履行行业自律公约，严格遵守国家法律和监管规定，不参与任何与所谓"虚拟货币"相关的集中交易或为此类交易提供服务，并主动抵制任何违法违规的金融活动。

7.1.4 《关于防范变相ICO活动的风险提示》

2018年1月12日，中国互联网金融协会发布《关于防范变相

ICO 活动的风险提示》,针对的是当时代币发行融资行为在国内遭到监管打击,很多不法分子通过改头换面、偷换概念等其他形式变相进行的 ICO 活动。

该公告主要提示了 IMO(以矿机为核心发行虚拟数字资产)模式风险以及该模式下存在的虚假宣传和不合规问题。与此同时,该公告也强调了任何通过部署境外服务器继续面向境内居民开办 ICO 及"虚拟货币"交易场所服务都可能涉嫌非法金融活动,呼吁广大消费者和投资者增强风险防范意识,理性投资,不要盲目跟风炒作,并对其中涉嫌违法犯罪的举报相应公安机关。

该公告同时还呼吁互联网金融行业各会员单位加强自律,抵制非法金融活动,不参与任何涉及 ICO 或炒作"虚拟货币"的行为。

7.1.5 《关于防范境外 ICO 与"虚拟货币"交易风险的提示》

2018 年 1 月 26 日,中国互联网金融协会发布《关于防范境外 ICO 与"虚拟货币"交易风险的提示》,提醒投资者认清境外 ICO 和"虚拟货币"交易平台的风险。

此前中国人民银行等七部委明确指出,各类代币发行融资活动应当立即停止;对于存在违法违规问题的代币融资交易平台,金融管理部门将依法关闭其网站平台及移动 App 等,并取消其营业执照。

在管理部门对境内 ICO 行为及虚拟货币交易场所的清理整治工作基本完成后,有部分投资者转向了境外开展相关活动。而在国际上也普遍缺乏规范,导致境外交易平台存在系统安全、市场操纵和洗钱等风险隐患。

随着世界各国政府都加强对虚拟货币领域的监管,一些境外交易平台可能会被取缔或限制访问,这种情况下境内投资者转向境外平台参与交易将面临一定的风险。同时,中国互联网金融协会表示,有部分国内社交平台、非银行支付机构等为虚拟货币集中交易提供各种便利,这些行为面临政策风险,投资者应主动强化风险意识。

7.1.6 关于防范以"虚拟货币""区块链"名义进行非法集资的风险提示

2018年8月24日,中国银保监会、中央网络安全和信息化领导小组办公室、公安部、中国人民银行、国家市场监督管理总局联合发布《关于防范以"虚拟货币""区块链"名义进行非法集资的风险提示》,提醒公众防范以区块链技术和"虚拟货币"名义进行非法集资的风险。

提示中提到,最近一些不法分子为了侵害公众的合法权益,打着"金融创新"和"区块链"的旗号,通过发行所谓"虚拟货币""虚拟资产"和"数字资产"的方式吸收资金。这类活动并不是真正基于区块链技术实现的,而是炒作区块链概念,行非法集资、传销、诈骗之实。

提示中还列举了此类项目的三个主要特征:

①网络化、跨境化明显:这些不法分子依托互联网、聊天工具进行交易,并利用网上支付工具来收支资金,风险波及范围广,扩散速度快。其中,一些不法分子还租用境外服务器搭建网站,实质面向境内居民开展活动,并远程控制实施违法活动。而一些个人在聊天工具群组中声称获得境外优质区块链项目投资额度并可以代为投资,极可能是诈骗活动。这些不法活动资金多流向境外,监管和追踪难度很大。

②欺骗性、诱惑性、隐蔽性较强:这些不法分子利用热点概念进行炒作,编造名目繁多的"高大上"理论,一些还利用名人大V的"站台"来宣传。这些不法分子以空投"糖果"等方式作

为诱饵,并宣称"币值只涨不跌""投资周期短,收益高、风险低",具有较强蛊惑性。实际上,在操作过程中,不法分子通过幕后操纵所谓虚拟货币的价格走势及设置获利和提现门槛等手段非法牟取暴利。此外,一些不法分子甚至打着共享经济的旗号以 IMO 方式进行虚拟货币炒作,隐藏性和迷惑性都很强。

③存在多种违法风险:不法分子通过公开宣传,以"静态收益"(炒币升值获利)和"动态收益"(发展下线获利)为诱饵,吸引公众投入资金,并利诱投资人发展人员加入,不断扩充资金池,具有非法集资、传销、诈骗等违法行为特征。

提示认为,这些活动以"金融创新"为噱头,实质是"借新还旧"的庞氏骗局,资金运转难以长期维系。因此,公众应该理性看待区块链,不要盲目相信天花乱坠的承诺,树立正确的货币观念和投资理念,切实增强风险意识。

7.1.7 区块链信息服务管理规定

2019 年 1 月 10 日,国家互联网信息办公室室务会议审议通过《区块链信息服务管理规定》(国家互联网信息办公室令第 3 号),该规定自 2019 年 2 月 15 日起施行。

该规定首次确立了区块链信息服务的概念,并对区块链信息服务提供者和使用者做出了定义和规范。其还要求从事区块链信息服务的企业和机构必须依法取得营业执照,同时遵守国家有关法律法规、标准和政策,不得从事非法活动。

该规定中明确了区块链信息服务的安全管理措施,包括数据备份、安全审计、风险评估等,要求区块链信息服务提供者采取有效措施确保用户信息的安全性和保密性。并对区块链信息服务的监管进行了详细规定,包括市场准入、服务合规、违法违规行为处理等,强调了监管部门职责及相关罚则。

该规定的主要意义在于推进区块链行业的规范发展,为区块链技术的应用提供了较为稳妥的法律基础，同时加强了对各类区块链信息服务提供者的监管力度，有利于保护用户权益，维护行业健康发展。

7.1.8 关于防范以区块链名义进行 ICO 与"虚拟货币"交易活动的风险提示

2019 年 12 月 13 日，中国互联网金融协会发布《关于防范以区块链名义进行 ICO 与"虚拟货币"交易活动的风险提示》，指出近期一些不法分子打着区块链旗号进行"虚拟货币"炒作和 ICO 交易活动，在国家法律和监管规定下属于非法金融活动，并且容易损害消费者的合法权益。

协会呼吁各会员机构严格遵守规定，主动抵制非法金融活动；同时提醒广大消费者增强风险意识和自我保护意识，不要盲目参与炒作，并如发现相关非法金融活动应及时向监管部门举报或报案。

7.1.9 关于参与境外虚拟货币交易平台投机炒作的风险提示

2020 年 4 月 2 日，中国互联网金融协会发布《关于参与境外虚拟货币交易平台投机炒作的风险提示》，指出一些虚拟货币交易平台在境外注册或设置服务器，通过各种手段吸引消费者投资，并采用机器人刷量、修改数据、操纵市场等手法侵占消费者财产，严重违反国家法律和监管规定。

协会呼吁各会员机构遵守行业自律要求，不为非法金融活动提供便利；同时提醒广大消费者增强风险意识和自我保护意识，不要参与虚拟货币交易和相关投机行为，并发现涉及非法金融活动应及时向监管部门或协会举报，如有犯罪行为应立即报案。

7.1.10　关于防范虚拟货币交易炒作风险的公告

2021年5月18日，中国互联网金融协会、中国银行业协会、中国支付清算协会发布了《关于防范虚拟货币交易炒作风险的公告》，提出防范虚拟货币交易炒作风险的相关要求，以进一步贯彻落实中国人民银行等部门发布的《关于防范比特币风险的通知》《关于防范代币发行融资风险的公告》等要求。该公告鼓励客户和金融机构注意虚拟货币的属性和潜在风险，明确虚拟货币不具备法偿性和强制性等货币属性，不应被用作市场上流通使用的真正货币。

在该公告中，还指出虚拟货币交易炒作活动严重侵害人民群众财产安全，扰乱经济金融正常秩序的问题，禁止金融机构和支付机构等会员单位从事与虚拟货币相关的业务，加强对虚拟货币交易的监测，并建议广大消费者增强风险意识，不参与虚拟货币交易炒作活动。最后，呼吁各会员单位坚决不开展、不参与任何与虚拟货币相关的业务活动，并建立自律监督机制，发现违规行为及时报告。

7.1.11　关于整治虚拟货币"挖矿"活动的通知

2021年9月3日，国家发展改革委、中央宣传部、中央网信办、工业和信息化部、公安部、财政部、人民银行、税务总局、市场监管总局、银保监会、国家能源局联合发布《关于整治虚拟货币"挖矿"活动的通知》（发改运行〔2021〕1283号　2021年9月3日），对虚拟货币挖矿活动进行整治。

该通知中表示，虚拟货币挖矿行为的能源消耗和碳排放量大，对国民经济贡献度低，对产业发展、科技进步等带动作用有限，加之虚拟货币生产、交易环节衍生的风险越发突出，其盲目无序发展对推动经济社会高质量发展和节能减排带来不利影响。

该通知要求，严禁投资建设增量项目，禁止以任何名义发展虚拟货币"挖矿"项目；加快有序退出存量项目，在保证平稳过渡的前提下，结合各地实际情况科学确定退出时间表和实施路径。并且要加强异常用电监测分析，加强数据中心用电大户现场检查，防止公用并网电厂拉专线直供虚拟货币"挖矿"企业。

该通知中将虚拟货币"挖矿"活动列为淘汰类产业。将"虚拟货币'挖矿'活动"增补列入《产业结构调整指导目录（2019年本）》"淘汰类"。

该通知对中国的虚拟货币行业产生了深远的影响，大量矿场被关闭，很多矿场主走上了出海挖矿的道路，中亚、俄罗斯、北美等都是他们迁移的方向。在此通知出台后几个月，中国的规模型矿场基本已经悉数关停。

7.1.12 关于进一步防范和处置虚拟货币交易炒作风险的通知

2021年9月15日，中国人民银行、中央网信办、最高人民法院、最高人民检察院、工业和信息化部、公安部、市场监管总局、银保监会、证监会、外汇局联合发布《关于进一步防范和处置虚拟货币交易炒作风险的通知》（银发〔2021〕237号 2021年9月15日），中国对虚拟货币交易的整治工作进入了一个新的阶段。

该通知中明确表示，虚拟货币相关业务活动属于非法金融活动。开展法定货币与虚拟货币兑换业务、虚拟货币之间的兑换业务、作为中央对手方买卖虚拟货币、为虚拟货币交易提供信息中介和定价服务、代币发行融资以及虚拟货币衍生品交易等虚拟货币相关业务活动涉嫌非法发售代币票券、擅自公开发行证券、非法经营期货业务、非法集资等非法金融活动。

对于作为虚拟货币交易的核心的交易所，该通知中表示，境外虚拟货币交易所通过互联网向我国境内居民提供服务同样属于非法金融活动。对于相关境外虚拟货币交易所的境内工作人员，以及明知或应知其从事虚拟货币相关业务，仍为其提供营销宣传、支付结算、技术支持等服务的法人、非法人组织和自然人，依法追究有关责任。

该通知公布之后，多家交易所发布公告称不再为中国大陆用户提供服务，引发了行业内的"清退潮"，打击了境内虚拟货币交易的行为。

7.1.13 《中华人民共和国反电信网络诈骗法》第二十五条

2022年12月1日起，《中华人民共和国反电信网络诈骗法》正式实行，其第二十五条写明：

任何单位和个人不得为他人实施电信网络诈骗活动提供下列支持或者帮助：

（一）出售、提供个人信息；

（二）帮助他人通过虚拟货币交易等方式洗钱；

（三）其他为电信网络诈骗活动提供支持或者帮助的行为。

事实上，在电信网络诈骗活动从前期准备到实施再到赃款转移，都有可能涉及虚拟货币，行为人对电信网络诈骗活动的明知程度、参与程度不同，根据行为人符合不同的犯罪构成要件，会涉嫌犯帮助信息网络犯罪活动罪、诈骗罪及掩饰、隐瞒犯罪所得罪，洗钱罪。

《中华人民共和国反电信网络诈骗法》在第四章中重点对"互联网治理"内容进行了规定，对电信业务经营者、互联网服务提供者的从业行为进行规范，明确禁止了一系列对电信网络诈骗活动提供帮助和支持的行为。对于涉虚拟货币的诈骗活动，新法从源头上禁止了虚假的虚拟货币交易平台的搭建、维护行为。

虽然虚拟货币目前不具有传统货币的性质，但新法明确将通过虚拟货币交易等方式洗钱的行为作为犯罪处理,进而实现扼制电信网络诈骗资金转移的目标。若帮助他人通过虚拟货币交易等洗钱,一旦行为符合相关犯罪的构成要件,则将承担刑事责任。

7.1.14 关于防范以"元宇宙"名义进行非法集资的风险提示

2022年2月18日,银保监会发布《关于防范以"元宇宙"名义进行非法集资的风险提示》,针对最近一些不法分子以"元宇宙"名义进行非法集资和诈骗的行为,提供了防范措施。

文中指出,有些不法分子蹭"元宇宙"的热度,编造虚假投资项目、借着区块链游戏旗号诈骗、恶意炒作元宇宙相关赌场和虚拟币等,在社会上掀起一波波投机炒作之风。

此外,银保监会还提示公众注意加强自我保护意识,提高识别能力,天上不会掉馅饼,如发现任何涉嫌违法犯罪线索,应立即向当地有关部门举报。

7.1.15 关于防范NFT相关金融风险的倡议

2022年4月13日,中国互联网金融协会、中国银行业协会、中国证券业协会联合发起《关于防范NFT相关金融风险的倡议》,以防范NFT(非同质化通证)相关金融风险,呼吁加强对该市场的规范管理。

该倡议主要包括两方面内容:一是坚持NFT守正创新,赋能实体经济;二是坚守行为底线,防范金融风险。具体行动包括限制NFT作为交易金融产品发行、不得使用虚拟货币进行交易,强化实名认证等措施。

同时,消费者应加强自我保护意识,抵制投机炒作行为,警惕和远离非法金融活动,并及时向相关部门举报违法违规活动。

这表明随着监管部门对虚拟货币行业理解的深入,已经能够洞悉该行业中的一些新事物背后的非法活动本质，有利于推进相关监管工作向更深、更广的领域进行。

7.2 全球部分国家和国际组织的监管政策

在全球范围内，不同国家和国际组织对虚拟货币的态度和监管重点也有所不同。整体上西方发达国家的监管政策相对宽松，既想要赶上虚拟货币行业发展的机遇，又想要防范虚拟货币可能引发的各种风险。

7.2.1 美国

在美国，虽然很难在州一级找到一致的法律方法，但美国在制定联邦加密货币立法方面继续取得进展。金融犯罪执法网络（FinCEN）并不认为加密货币是法定货币，而是认为加密货币交易所是货币传输器，因为加密货币代币是"替代货币的其他价值"。美国国税局（IRS）不认为加密货币是法定货币，但将其定义为"作为交换媒介、记账单位和/或价值储存手段的价值的数字表示"，并已征税。

加密货币交易所在美国是合法的，属于银行保密法（BSA）的监管范围。在实践中，这意味着加密货币交易服务提供商必须在 FinCEN 注册、实施 AML/CFT 计划、维护适当的记录并向当局提交报告。与此同时，美国证券交易委员会（SEC）表示将加密货币视为证券，并将证券法全面适用于数字钱包和交易所。相比之下，商品期货交易委员会（CFTC）采用了一种更友好的"不伤害"方法，将比特币描述为一种商品，并允许加密货币衍生品公开交易。

第7章 虚拟货币相关监管政策

针对FATF①于2019年6月发布的指导方针，FinCEN明确表示，它希望加密货币交易所遵守"旅行规则"，并收集和共享有关加密货币交易发起人和受益人的信息。它将虚拟货币交易所置于与传统货币转移者相同的监管类别中，并适用所有相同的规定，包括《银行保密法》中的规定——该法制定了自己的旅行规则版本。2020年10月，FinCEN发布了关于调整旅行规则的拟议规则制定通知（NPRM），标志着为加密货币交易所引入了新的合规责任。

美国财政部强调迫切需要制定加密法规来打击全球和国内的犯罪活动。2020年12月，FinCEN提出了一项新的加密货币法规，对加密货币交易所和钱包提出了数据收集要求。该规则于2022年秋季实施，并要求交易所为超过10000美元的交易提交可疑活动报告（SAR），并要求钱包所有者在单笔交易中发送超过3000美元时进行身份验证。

司法部继续与SEC和CFTC就未来的加密货币法规进行协调，以确保有效的消费者保护和更简化的监管监督。2021年，拜登政府将注意力转向稳定币，旨在解决代币价值增长的危险。同年晚些时候，FATF发布了一系列建议，其中包括需要制定新的立法。国会还讨论了2021年加密货币服务提供商的地位，新规则被纳入拜登政府的基础设施法案。根据新规则，加密货币交易所被视为经纪人，必须遵守相关的AML/CFT报告和记录保存义务。

2022年9月16日，美国发布加密货币行业监管框架草案，这是美国政府机构应美国总统拜登的行政命令进行的系列举措之一。

---

① 金融行动特别工作组（Financial Action Task Force，FATF），是独立的政府间组织，旨在制定和促进实施保护国际金融体系免受洗钱、恐怖融资风险和大规模杀伤性武器扩散融资危害的政策。FATF建议是国际公认的反洗钱（AML）与反恐怖融资（CFT）标准。

监管的主要目的包括采取消费者保护措施、维持金融稳定、防止非法使用加密货币、保持美国在全球金融领域的领导地位以及负责任的技术创新。

在监管框架中涉及数字资产监管的联邦机构包括联邦贸易委员会（FTC）、证券交易委员会（SEC）、商品期货交易委员会（CFTC）、联邦银行机构和消费者金融保护局（CFPB）。

该框架中提及的七项原则包括：
- 保护消费者、投资者和企业；
- 促进获得安全、负担得起的金融服务；
- 促进金融稳定；
- 推进负责任的创新；
- 加强我们的全球金融领导力和竞争力；
- 打击非法金融；
- 探索美国中央银行数字货币（CBDC）。

7.2.2 欧盟

欧盟对于虚拟货币一直处于非常谨慎的状态，一方面关注虚拟货币可能对法定货币和传统金融体系造成的冲击，另一方面也在保持高度关注以避免自身错过数字经济发展的机会。

2022年7月1日，欧盟推出虚拟货币监管协议《加密资产市场框架》（Markets in Crypto-Assets，MiCA），该协议也是全球主要国家之中针对加密货币全面监管的首次尝试，包括数字货币发行商和交易平台在内的市场参与者均将被纳入监管。

MiCA协议要求所有在欧盟范围内从事经营活动的加密货币服务提供商均需取得监管机构颁发的许可证。各成员国监管机构以及欧洲证券和市场管理局（ESMA）将获得针对加密货币服务提供商内幕交易以及市场操纵的处罚权。

针对向普通投资者提供加密货币服务的金融类服务机构，Mi-

CA 协议要求该类机构提供类似银行存款保险制度的担保,但无须为投资者投机损失负责。加密货币服务提供商若丢失投资者的数字资产,则需要被追究责任。金融服务机构还需在出售加密货币理财产品时明确指出加密货币可能损失全部本金的风险。欧洲银行业管理局 EBA 将根据 MiCA 协议细则定期公布加密货币市场黑名单。

针对加密货币交易平台,MiCA 协议要求平台报备提供收款方和汇款方的银行账号信息,而交易金额超过 1000 欧元的匿名交易,尤其是涉及非托管钱包的交易,交易平台则必须向监管机构上报。这也被视为欧盟金融业反洗钱的组成部分之一。

MiCA 协议最严格监管的一类虚拟货币为锚定法定货币的稳定币,包括 Tether 发行的泰达币(USDT)、Circle 发行的 USDC(Dollar Coin)等。根据 MiCA 协议,稳定币发行商需要维持充裕的储备金以应对大规模挤兑的发生,而且必须在破产情况下得到充分保护,同时稳定币的每日交易上限也将被限定在 2 亿欧元之内。

7.2.3 加拿大

加密货币在加拿大不是法定货币,但可用于在线或在接受它们的商店购买商品和服务。加拿大在处理加密货币方面一直相当积极,主要是根据省级证券法对其进行监管。加拿大早在 2014 年就根据《犯罪所得(洗钱)和恐怖主义融资法案》(PCMLTFA)将虚拟货币交易实体纳入其中,而 2017 年,不列颠哥伦比亚省证券委员会注册了第一个仅加密货币的投资基金。2017 年 8 月,加拿大证券管理局(CSA)发布了关于现有证券法对加密货币的适用性的通知。2018 年 1 月,加拿大中央银行行长将其"技术上"描述为证券。加拿大税务局自 2013 年起对加密货币征税,加拿大税法适用于加密货币交易。

在 2019 年对 PCMLTFA 进行修订后，加拿大的交易所基本上以与货币服务业务相同的方式进行监管，并承担相同的尽职调查和报告义务。2020 年 2 月，虚拟货币旅行规则在加拿大生效，要求所有金融机构和货币服务企业（MSB）保留所有跨境加密货币交易（以及所有电子资金转账）的记录。

2021 年，加拿大证券管理局（CSA）发布了针对拥有或持有加密资产的加密发行人的指南。该指南规定了对加密货币发行人必须提供的关于如何保护其资产免受损失和盗窃的披露的监管期望，包括披露相关风险因素的必要性。同样，2021 年对 PCMLTFA 的进一步修订引入了加密货币交易所在加拿大金融交易和报告分析中心（FinTRAC）注册的要求。

2022 年 1 月 1 日，加拿大税务局要求加拿大货币服务企业（MSB）必须报告超过 1 万美元的交易。因此，如果投资者从交易所购买价值 1 万美元的加密货币，投资者必须在加拿大为加密货币纳税。

7.2.4 新加坡

在新加坡，加密货币交易所和交易是合法的。尽管加密货币不被视为法定货币，但新加坡税务机关将比特币视为"商品"，因此对其征收商品和服务税（新加坡版的增值税）。2017 年，新加坡金融管理局（MAS）澄清说，虽然其立场不是监管虚拟货币，但如果这些代币被归类为"证券"，它将监管数字代币的发行。

尽管采取了不偏不倚的做法，但 MAS 在 2020 年向公众发出了投资加密货币产品风险的警告。2022 年，MAS 加强了这一警告，向加密服务提供商发布了指南，有效地禁止向公众宣传其服务。

MAS 通常对加密货币交易监管采取通融的做法，并在可能的情况下应用现有的法律框架。2018 年 1 月，MAS 发布新闻稿警告公众使用加密货币进行投机的风险,而副总理Tharman Shanmugaratnam表示,加密货币与传统的法定货币一样受制于相同的AML和CFT措施。2019年支付服务法(PSA)从2020年1月起将交易所和其他加密货币业务置于MAS的监管之下,并要求它们获得MAS的运营许可证。从那时起,MAS已向多家知名加密服务提供商颁发许可证,包括DBS Vickers(星展银行的经纪部门)和澳大利亚加密货币交易所Independent Reserve。

随着PSA的生效,新加坡的加密业务在很大程度上符合FATF的最新建议。但是,MAS可能会跟进其他法规,以进一步调整其立场。这些法规可能包括针对加密货币服务提供商制定更严格的AML/CFT标准的新金融部门法规,以及金融机构对技术风险管理的更高要求。

2022年7月5日,MAS表示,中央银行正在考虑对加密货币交易施加额外限制,如限制个人投资者在进行加密货币交易时使用杠杆等。

7.2.5 澳大利亚

加密货币和交易所在澳大利亚是合法的。2017年,澳大利亚政府宣布加密货币是合法的,并明确表示比特币(以及具有相同特征的加密货币)应被视为财产并缴纳资本利得税(CGT)。加密货币此前曾根据澳大利亚的商品和服务税(GST)受到有争议的双重征税——税收待遇的变化表明澳大利亚政府对加密货币问题采取了渐进式的做法。

自2018年以来,澳大利亚交易报告和分析中心(AUSTRAC)要求在澳大利亚运营的交易所注册、识别和验证用户、维护记录并遵守政府的AML/CFT报告义务。未注册的交易所会受到刑事指控和经济处罚。

2019年5月,澳大利亚证券和投资委员会(ASIC)发布了针对首次代币发行（ICO）和加密货币交易的最新监管要求。同样，在2020年8月，澳大利亚监管机构迫使许多交易所下架隐私币，这是一种特定类型的匿名加密货币。

澳大利亚已经建立了一种积极主动的加密货币监管模式，这些最新规定表明该国继续努力为未来几年的加密业务运营提供清晰的框架。

特别是，澳大利亚政府正在加强对加密货币交易所的监管。2021年12月，澳大利亚宣布计划引入一个专门针对加密货币交易所的新许可框架——咨询期定于2022年。拟议的框架将使消费者能够在受监管的环境中安全地买卖加密资产，并代表着澳大利亚处于控制科技公司的全球努力的最前沿。

7.2.6 日本

日本目前拥有世界上最先进的加密货币监管环境，并根据《支付服务法》（PSA）承认比特币和其他数字货币是合法财产。2017年12月，国家税务局裁定加密货币的收益应归类为"杂项收入"，并对投资者征税。

最近的法规包括对PSA和金融工具和交易法（FIEA）的修订，该法案于2020年5月生效。这些修订引入了"加密资产"一词（而不是"虚拟货币"）管理用户的虚拟货币，并放宽了对加密货币衍生品交易的监管。根据新规则，加密货币托管服务提供商（不出售或购买加密资产）被纳入PSA的范围，而加密货币衍生品业务则被纳入FIEA的范围。

日本的加密货币交易法规同样是进步的。交易所在日本是合法的，但在一系列备受瞩目的黑客攻击之后，包括臭名昭著的Coincheck盗窃5.3亿美元的数字货币，加密法规已成为一个紧迫的国家问题。日本金融厅（FSA）加大了对交易和交易所的监管力度；PSA的修正案要求加密货币交易所必须在FSA注册才能运营——这一过程可能需要长达六个月的时间，并且会实施更严格的 AML/CFT 和网络安全要求。随后在 2019 年年中进行的修订将注册要求扩大到包括托管服务提供商。

2020 年，日本成立了日本虚拟货币交易协会（JVCEA）和日本 STO 协会。所有交易所都是 JVCEA 的成员，而日本 STO 协会由 5 家日本主要金融机构组成。两家监管机构都致力于为尚未获得许可的交易所提供建议并促进合规。

日本仍然是加密货币的友好环境，但日益严重的反洗钱问题正在引起 FSA 对进一步监管的关注。2021 年 12 月，FSA 表示将在 2022 年提出立法来规范稳定币的发行人，以解决客户面临的风险并限制使用稳定币进行洗钱的机会。该立法可能包括新的安全协议和加密服务提供商报告可疑活动的新义务。

2022 年 6 月 3 日，日本成为世界上第一个创建解决稳定币的法律框架的国家。该国议会通过了一项法案，将其定义为数字货币，并声称稳定币必须与日元或其他法定货币挂钩，同时保证持有人有权按面值赎回它们。

7.2.7 韩国

在韩国，加密货币不被视为法定货币，而交易所虽然合法，但却是受到严密监控的监管体系的一部分。韩国的加密货币税收是一个灰色地带：由于它们既不是货币也不是金融资产，因此加密货币交易目前是免税的。但是，企划财政部表示正在考虑对加密交易的收入征税，并计划在 2022 年公布税收框架。

韩国的加密货币交易法规非常严格，涉及政府注册和由韩国金融监管局（FSS）监督的其他措施。尽管传闻中的禁令从未实现，但 2017 年，韩国政府禁止在加密货币交易中使用匿名账户，并禁止当地金融机构托管比特币期货交易。同样，金融服务委员会（FSC）对拥有加密货币交易所账户的银行规定了严格的报告义务。

在 2020 年进行立法修订后，所有韩国交易所都必须遵守 AML/CFT 法规，并从金融服务委员会的金融情报部门（FIU）获得运营许可证。2021 年 3 月，韩国政府出台立法，要求加密货币投资者在其虚拟钱包账户上使用与银行账户相同的名称——并要求加密货币交易所与银行共享信息以验证客户身份。FIU 还于 2021 年从韩国交易所下架了所有隐私币（实际上禁止了代币的交易）。

韩国提议的加密货币税收错过了其原定的 2022 年 1 月实施日期，并被推迟到 2023 年 1 月。除税收框架外，韩国已表示将继续努力使该行业与 FATF 的反洗钱政策保持一致。

2021 年 9 月 24 日，韩国政府要求所有交易所（国内和国际）向韩国金融情报机构（KoFIU）注册并遵守各种反洗钱义务，例如提交可疑交易报告和验证客户身份。

2022 年，韩国项目 Terra 崩盘对虚拟货币投资者造成了巨大损失，这促成韩国政府成立了一个新实体：数字资产委员会。其主要目标是提出政策建议，包括新虚拟货币在交易所上市的标准、投资者保护等。

第 8 章

涉虚拟货币案件相关司法判例

> **主要内容**
>
> 本章重点关注国内涉虚拟货币案件的相关司法判例,主要涉及的罪名包括组织、领导传销活动罪,盗窃罪,诈骗罪,洗钱罪,帮助信息网络犯罪活动罪,非法吸收公众存款罪,掩饰、隐瞒犯罪所得、犯罪所得收益罪等。

在国内,各地针对虚拟货币相关的非法犯罪活动的打击已经卓有成效。通过裁判文书网等公开渠道,可以看到针对不同类型的涉虚拟货币案件的司法判例。

8.1 组织、领导传销活动罪

8.1.1 法条及虚拟货币与犯罪的关系

《刑法》第二百二十四条之一:

组织、领导以推销商品、提供服务等经营活动为名,要求参加者以缴纳费用或者购买商品、服务等方式获得加入资格,并按照一定顺序组成层级,直接或者间接以发展人员的数量作为计酬或者返利依据,引诱、胁迫参加者继续发展他人参加,骗取财物,扰乱经济社会秩序的传销活动的,处五年以下有期徒刑或者拘役,并处罚金;情节严重的,处五年以上有期徒刑,并处罚金。

在此类传销案件中,虚拟货币往往被当作平台入金和参与传销行为的途径,传销活动组织者以高额回报引诱参与者将虚拟货币转入该传销平台,并将参与者收益的高低与其推荐下线的人数和投资数量绑定。

8.1.2 相关判例

根据裁判文书网公开的裁判文书数据,2018年12月,被告人张某、孙某博、宋某毅商议创建一个自己的虚拟数字货币运营平台,被告人张某、孙某博各投入资金约50万元,被告人宋某毅以技术入股,通过互联网搭建并运营"i-bank智能钱包"平台,创建自己的虚拟数字货币石油宝(EOC),虚构该数字货币的发展背景,夸大投资前景,引诱他人参与投资。

该平台以发布新型高回报的数字货币EOC石油宝为诱饵,设置300美金至30000美金不同级别入门费门槛,会员将入门费购买比特币、以太坊等虚拟货币后再兑换成平台的数字货币EOC并开启石油宝后,即可产生静态收益和动态收益。静态收益以固定利息加"石油宝"的涨幅结算,而该涨幅是被告人张某和孙某博、万某等人人为控制的,运营期间控制石油宝所谓的市值不下跌,以吸引更多会员加入。动态收益则按星级计算,会员总共分为一星到五星五个级别,每个星级都是分销模式("1代、2代、3代等"),一星会员享受1~3代层级奖励,二星到五星会员分别享受4代以上直至20代不等的层级奖励,会员根据下线的会员数量和团队业绩晋升星级,星级越高奖励越多,以吸引会员积极发展下线。

该平台通过不断引诱会员注册充值获得加入资格并不断发展下线会员,按照一定顺序组成层级,直接或者间接以发展人员的数量作为返利依据，引诱注册会员继续发展他人参加，骗取财物，共计发展传销会员 108808 人次，会员层级达 65 层，共吸收数字货币 ETH（以太坊）365007.13353172 个、BTC（比特币）593.68406905 个、XRP（瑞波币）42915065.063798 个。按平台运营期间，各数字货币行情最低值计算，累计金额为 302547984.64 元。

8.2 盗窃罪

8.2.1 法条及虚拟货币与犯罪的关系

《刑法》第二百六十四条：

盗窃公私财物，数额较大的，或者多次盗窃、入户盗窃、携带凶器盗窃、扒窃的，处三年以下有期徒刑、拘役或者管制，并处或者单处罚金；数额巨大或者有其他严重情节的，处三年以上十年以下有期徒刑，并处罚金；数额特别巨大或者有其他特别严重情节的，处十年以上有期徒刑或者无期徒刑，并处罚金或者没收财产。

虽然虚拟货币在我国并不被认为具有货币属性，但是在很多司法判例中，都具有商品属性，因此可以被认作是一种虚拟资产。当受害人的虚拟货币因为各种原因遭到盗窃时，也会涉及与盗窃罪相关的判决情况。

8.2.2 相关判例

根据裁判文书网公开的裁判文书数据，被告人罗某苪于 2019 年 4 月 19 日至 26 日，利用计算机网络漏洞，非法侵入被害单位上海某网络科技有限公司的服务器，从该服务器中的数字货币钱包内窃取泰达币（USDT）1890792.538 枚，共计价值人民币（以下币种均为人民币）1200 余万元。嗣后，被告人罗某苪将上述泰达币兑换成数字货币以太坊（ETH）及比特币（BTC），并将部分以太坊向他人出售，共计获利91万余元。

法院认为，泰达币作为常见虚拟货币之一，具有财产的基本特性，即价值性、可控性与流通性。罗某苭犯罪行为的目的不限于为了获取虚拟货币所对应的公钥与私钥，这两者只是计算机系统随机生成的英文与数字的组合，其根本目的是通过公钥与私钥转移他人对虚拟货币的占有，并取得虚拟货币带来的财产性利益。根据刑法的规定，公民私人所有的财产包括了"依法归个人所有的股份、股票、债券和其他财产"，虚拟货币虽然并无实体，但其具有与股份、股票、债券相同的财产属性，可以认定为刑法所保护的财物。故罗某苭将他人控制的虚拟货币非法占有的行为，亦构成盗窃罪。

法院同时表示，，我国不认可任何虚拟货币交易价格信息发布平台对于虚拟货币的交易价格数据，故不应当认定涉案泰达币根据相关网站的历史价格计算价值1200余万元，采纳辩护人的相关辩护意见。考虑到罗某苭将泰达币兑换以太坊后，又将以太坊兑换人民币，实际获利约90万元，可以参考相关司法解释，根据销赃数额认定盗窃数额，应当认定盗窃数额特别巨大，处十年以上有期徒刑或者无期徒刑，并处罚金或者没收财产。

8.3 诈骗罪

8.3.1 法条及虚拟货币与犯罪的关系

《刑法》第二百六十六条：

诈骗公私财物，数额较大的，处三年以下有期徒刑、拘役或者管制，并处或者单处罚金；数额巨大或者有其他严重情节的，处三年以上十年以下有期徒刑，并处罚金；数额特别巨大或者有其他特别严重情节的，处十年以上有期徒刑或者无期徒刑，并处罚金或者没收财产。本法另有规定的，依照规定。

由于虚拟货币的价格波动较大，很多投资者被某些虚拟货币的高额投资回报率所吸引进行投资，但是与此同时，一些非法分子也搭建可人为控制的虚拟货币投资平台，吸引投资者将资金转入该平台，人为控制内盘币价，实现骗取投资者钱财的目的。

8.3.2 相关判例

根据裁判文书网公开的裁判文书数据，被告人石某与蔡某宝注册成立科技有限公司。该公司对外以经营微信小程序开发、淘宝网店运营作宣传，"傲仙宫"内设部门有殿堂、品牌、能量、培训、委员总务、委员助理。2018年7月至案发，该公司陆续成立了内部代号为"七星堂""昆仑派""灵鹫宫""逍遥派""九宫格""海南之光"的分公司作为子公司，上述子公司统称为"银庄部"，各子公司内部又称"职场"，各"职场"在该公司领导下开展工作。

"职场"内设立庄主、组长、组员，"银庄部"从事的业务是通过微信软件在网络上向不特定公众推销虚拟货币，吸引客户到该公司经营的"86coin"交易平台上投资虚拟货币。"86coin"交易平台系蔡某宝从某网络公司引进的合作经营项目，该平台采用USDT币（又称"泰达"币，一种与美元挂钩的虚拟货币，1USDT币≈1美元）进行结算，被害人通过在该平台购买USDT币或将已持有的USDT币转至该平台的方式来兑换该平台专有的C86等虚拟货币进行投资，专有币种可在涨幅10%~20%、跌幅90%~95%的幅度内人为操控。

公司给"银庄部"员工统一配发手机、微信号等，由组员使用虚假身份冒充"炒币玩家"在网络上随机添加有投资意向的人员为微信好友，利用公司提前编制好的话术与被害人交流并发送经过人为修改的"86coin"投资平台虚假盈利截图，诱骗被害人到该平台充值、投资。组员在被害人充值之后将被害人拉至该公司成立的微信群,在群内人数达到一定数量之后再将组长或庄主伪装的"炒币老师"拉至微信群,"炒币老师"先利用公司提前内部通知的虚拟货币上涨信息指导被害人购买指定虚拟货币,使被害人获得小额盈利,获取被害人信任,在被害人准备追加投资之后由组员将被害人推荐给"炒币老师",由"炒币老师"与被害人通过微信单独联系,"炒币老师"将该公司提前内部通知的下跌信息虚构为上涨信息告知被害人,诱骗被害人大量购买特定币种,后该币种在预定的时间下跌90%~95%,造成被害人财产大量损失。被害人亏损之前,"炒币老师"将下跌信息通过内部微信群或口头的方式提前告诉组员,组员接到通知之后负责后续对财产遭受损失的被害人进行情绪安抚,假称自己也有较大亏损,防止被害人怀疑、报警。

"银庄部"各"职场"中的庄主对该"职场"负总责,组长负责培训新员工及督促组员日常工作,组员在庄主和组长的安排下实施诈骗行为,组员的业绩是根据统计的组员信息和对应的客户信息,通过登录"86coin"的后台查看被害人在平台的投入和剩余情况,投入减去剩余就是组员的业绩,组员除基本工资外,按照自己业绩的1.5%~4%计算提成,组长按照所在小组累计业绩的1%~2.5%计算提成,庄主按照所在"职场"全部业绩的0.3%~1.2%计算提成。该公司还设定"首充奖"、实时业绩通报等方式对组员进行激励。

案发后,公安机关冻结胡某、蔡某宝、袁某、何某哲、杨某等涉案账户资金69万余元。原判根据以上事实和证据,认定被告人石某犯诈骗罪,判处有期徒刑十一年,并处罚金人民币90万元;退缴的赃款8万元,依法退赔、返还被害人;责令被告人石某对本案尚未追回的赃款16864939.99元承担共同退赔责任。

8.4 洗钱罪

8.4.1 法条及虚拟货币与犯罪的关系

《刑法》第一百九十一条：

为掩饰、隐瞒毒品犯罪、黑社会性质的组织犯罪、恐怖活动犯罪、走私犯罪、贪污贿赂犯罪、破坏金融管理秩序犯罪、金融诈骗犯罪的所得及其产生的收益的来源和性质，有下列行为之一的，没收实施以上犯罪的所得及其产生的收益，处五年以下有期徒刑或者拘役，并处或者单处罚金；情节严重的，处五年以上十年以下有期徒刑，并处罚金：

（一）提供资金账户的；

（二）将财产转换为现金、金融票据、有价证券的；

（三）通过转账或者其他支付结算方式转移资金的；

（四）跨境转移资产的；

（五）以其他方法掩饰、隐瞒犯罪所得及其收益的来源和性质的。

单位犯前款罪的，对单位判处罚金，并对其直接负责的主管人员和其他直接责任人员，依照前款的规定处罚。

由于虚拟货币具有匿名性、去中心化、跨境流通等特性，因此非常适合被用来进行洗钱等非法资金转移活动。随着目前虚拟货币技术的发展，相关洗钱流程已经日益成熟，呈现出了专业化的趋势。

8.4.2 相关判例

根据裁判文书网公开的裁判文书数据，2018年10月下旬至同年11月上旬，被告人陈某某明知陈某波因涉嫌集资诈骗犯罪被公安机关调查并出逃香港，仍先后通过其个人账户将陈某波涉嫌犯罪取得的赃款人民币300万元转账给陈某波；将陈某波用赃款购买的车辆低价出售得款人民币90余万元后购买比特币转给陈某波。同年11月2日，被告人陈某某带陈某波护照至香港，交给陈某波助其逃匿。

2018年11月30日，被告人陈某某接公安机关电话通知主动到案，后基本如实供述涉案事实。案发后，被告人陈某某在家属帮助下退出赃款人民币36万元。

法院认为，被告人陈某某明知是金融诈骗犯罪的所得及其产生的收益，为掩饰、隐瞒其来源和性质，提供资金账户，将财产分别转换成人民币和虚拟货币，通过转账协助资金转移汇往境外，其行为已构成洗钱罪。公诉机关指控的事实清楚，证据确实充分，罪名成立，应予支持。被告人陈某某有自首情节，依法从轻处罚。判处被告人陈某某犯洗钱罪，判处有期徒刑二年，罚金人民币20万元。

8.5　帮助信息网络犯罪活动罪

8.5.1　法条及虚拟货币与犯罪的关系

《刑法》第二百八十七条之二：

明知他人利用信息网络实施犯罪，为其犯罪提供互联网接入、服务器托管、网络存储、通讯传输等技术支持，或者提供广告推广、支付结算等帮助，情节严重的，处三年以下有期徒刑或者拘役，并处或者单处罚金。

单位犯前款罪的，对单位判处罚金，并对其直接负责的主管人员和其他直接责任人员，依照第一款的规定处罚。

有前两款行为，同时构成其他犯罪的，依照处罚较重的规定定罪处罚。

由于虚拟货币在支付领域的广泛应用，其也往往被用于为某些犯罪活动提供支付结算等服务，相关服务的提供者构成帮助信息网络犯罪活动罪。

8.5.2 相关判例

根据裁判文书网公开的裁判文书数据，2020年4月以来，被告人常某某妻子孙某某向常某某提供自己的支付宝账号1014599115@qq.com供后者使用。2020年5月，被告人常某某通过网络结识犯罪嫌疑人邱某某，经邱某某指导在火币网上以常某某和孙某某的身份信息注册了火币网交易账号17710××××00和1563911××××，并向邱某某提供孙某某和本人支付宝账户，后所提供支付宝账户不断收到转款，常某某按照邱某某指示将支付宝账户上收到的转款在火币网上购买成虚拟货币，后再将购买的虚拟货币转至邱某某提供的虚拟货币账户上，完成数字货币到虚拟货币的转换。邱某某按照每日200元至300元不等的标准向常某某支付报酬，常某某累计获利8000余元。常某某操控的孙某某1014599115@qq.com支付宝账户总交易流水为6461337.79元。

同年6月12日17时57分至18时02分，被害人刘某某经人介绍下载、注册"嘉某某"App并进行外汇和虚拟货币交易，向赵某工商银行××××××××××9141账户五次转账共计244317.88元，刘某某转款前赵某账户余额3410元。当日18时02分37秒，赵某工商银行××××××××××××9141账户向郑某文×××××××××××3561支付宝账户转款10万元，转账前郑某文账户余额2000.46元。当日18时34分，本案涉案资金5万元（已退还）由郑某文×××××××××3561账户转入孙某某（已被公安局取保候审）支付宝1014599115@qq.com账户，后由常某某使用孙某某支付宝账户购买虚拟货币，后于18时36分再由1014599115@qq.com转至马某莲（已被公安局取保候审）1513916××××支付宝账户，随后将虚拟货币转给邱某某提供的虚拟账户上。

法院认为，被告人常某某明知他人实施网络犯罪，仍为其提供支付结算等帮助，情节严重，其犯帮助信息网络犯罪活动罪的事实和罪名成立。被告人常某某帮助他人实施网络犯罪长达数月，使被帮助的对象实施的犯罪造成了严重后果，理应从重处罚。鉴于其主动投案，归案后能如实供述自己的罪行，构成自首，且退赔部分款项、退缴了全部违法所得，自愿认罪认罚，依法或酌情可以从轻处罚。判处被告人常某某犯帮助信息网络犯罪活动罪，判处有期徒刑十个月（刑期从判决执行之日起计算，判决执行以前先行羁押的，羁押一日折抵刑期一日，即自 2020 年 11 月 3 日起至 2021 年 9 月 2 日止），并处罚金 5000 元，限判决生效后十日内交纳。

8.6 非法吸收公众存款罪

8.6.1 法条及虚拟货币与犯罪的关系

《刑法》第一百七十六条：

非法吸收公众存款或者变相吸收公众存款，扰乱金融秩序的，处三年以下有期徒刑或者拘役，并处或者单处罚金；数额巨大或者有其他严重情节的，处三年以上十年以下有期徒刑，并处罚金；数额特别巨大或者有其他特别严重情节的，处十年以上有期徒刑，并处罚金。

单位犯前款罪的，对单位判处罚金，并对其直接负责的主管人员和其他直接责任人员，依照前款的规定处罚。

有前两款行为，在提起公诉前积极退赃退赔，减少损害结果发生的，可以从轻或者减轻处罚。

在虚拟货币诞生之后，以发行虚拟货币进行融资的行为一度盛行，此类融资行为的本质是非法吸收公众存款或变相吸收公众存款，社会危害极大，扰乱金融秩序，侵犯了投资者的利益。

8.6.2 相关判例

根据裁判文书网公开的裁判文书数据，2015年起，上诉人黄某英经他人介绍参与投资了境外组织通过网络平台运营的"马克币"数字货币项目；其后，在未经我国金融管理部门批准的情况下，向他人宣传该项目投资到期保本返还且有静态增值、动态奖金等高额回报，发展包括上海市居民在内的社会公众投资"马克币"。

在此期间，黄某英发展公众投资者77人，非法吸收投资本金300万余元，造成投资者投向该网络平台的资金损失达248万余元。

法院认为，黄某英利用投资数字货币的形式变相吸收公众存款，扰乱金融秩序，数额巨大，其行为已构成非法吸收公众存款罪。黄小英犯非法吸收公众存款罪的定性准确，基本事实清楚，证据确实、充分，适用法律正确，审判程序合法。

8.7 掩饰、隐瞒犯罪所得、犯罪所得收益罪

8.7.1 法条及虚拟货币与犯罪的关系

《刑法》第三百一十二条：

明知是犯罪所得及其产生的收益而予以窝藏、转移、收购、代为销售或者以其他方法掩饰、隐瞒的，处三年以下有期徒刑、拘役或者管制，并处或者单处罚金；情节严重的，处三年以上七年以下有期徒刑，并处罚金。

单位犯前款罪的，对单位判处罚金，并对其直接负责的主管人员和其他直接责任人员，依照前款的规定处罚。

由于虚拟货币具有匿名的特性，相比于法定货币以及房产、珠宝、汽车等实体资产，具有难以查证、追踪的特性，所以嫌疑

人可以使用虚拟货币掩饰、隐瞒犯罪所得和收益。

8.7.2 相关判例

根据裁判文书网公开的裁判文书数据，2020年3月，被告人姬某（绰号"小黄鸭"）通过QQ群认识上线"桔子"后，协助"桔子"找到王某（另案处理）、雷某、盖某三人转移非法资金。王某、雷某、盖某利用被告人高江、文某（另案处理）、张某（另案处理）提供的银行卡、支付宝账户具体操作购买虚拟币转移非法资金。

2020年4月11日，江西省某经济开发区管理委员会（以下简称管委会）财政所财务人员周某接到电信诈骗电话后，陆续于2020年4月12日、13日将其所掌控的管委会及管委会下属全资子公司祥瑞建设投资有限公司（以下简称祥瑞公司）账户上的公款人民币（以下币种均为人民币）1026.5188万元及其个人账户上的18.9925万元转入诈骗犯罪团伙掌握的账户上。其中2020年4月13日，周某通过网银将管委会在农商银行账号为21×××66的账户上695万元分四次转入户名为山西某科技有限公司，账号为中国交通银行1411412××××××××××的账户上，将祥瑞公司在农商银行账号为21×××76的账户上200万元分十次转入户名为洛阳某商贸有限公司，账号为中国建设银行41×××82的账户上。

诈骗团伙骗取资金后，迅速将资金从两个一级账户山西某科技有限公司、洛阳某商贸有限公司转入成都某科技有限公司等二级账户，再从二级账户转入高某、文某（另案处理）、张某（另案处理）等人的银行卡账户，再从其银行卡账户转至银行卡绑定的支付宝账户，用以购买"USDT"等虚拟货币，将诈骗所得资金转移。

2020年4月13日，王某、雷某操作高某及文某的银行卡及支付宝账户，盖某操作张某的银行卡及支付宝账户购买"USDT"等虚拟货币协助"桔子"转移非法资金。其中高某上海浦东发展银行62×××84账户、文某浙江网商银行66×××42账户、张某浙江网商银行66×××34账户分别收到一级账户山西某科技有限公司转入二级账户成都某科技有限公司账户，再由成都某科技有限公司账户转入的被害人周某被诈骗资金35万元、20万元和35万元。姬某协助转移诈骗所得资金共计90万元，高某协助转移诈骗所得资金共计35万元。

另查明，2020年7月31日10点50分，西安铁路公安处三原站派出所民警到被告人姬某家向其父亲询问姬某的联系方式，后民警与姬某联系让其回家配合调查。11时15分姬某回到家中随公安民警到派出所接受讯问。2020年9月8日，被告人高某主动到公安局接受调查。两人归案后均如实供述其明知可能是犯罪所得而协助转移资金的事实。

法院认为，被告人姬某、高某构成掩饰、隐瞒犯罪所得罪。被告人姬某明知是他人犯罪所得仍然协助转移资金，其中高某协助转移资金30万元，姬某协助转移资金90万元，情节严重，其行为均构成掩饰、隐瞒犯罪所得罪。姬某明知公安民警在家里等待，主动回家并自愿随公安民警到公安机关接受讯问，如实供述其罪行，具有自首情节，可从轻处罚；高某能主动投案，并如实供述其罪行，具有自首情节，可减轻处罚。姬某在共同犯罪中所起作用较大，属主犯；高某在共同犯罪中所起作用较小，属从犯，依法应当从轻处罚。

附录

附录 1
国内虚拟货币相关监管文件

1. 关于防范比特币风险的通知

中国人民银行、工业和信息化部、
中国银行业监督管理委员会、中国证券监督管理委员会、
中国保险监督管理委员会关于防范比特币风险的通知
（银发〔2013〕289 号 2013 年 12 月 3 日）

近期，一种通过特定计算机程序计算出来的所谓"比特币"（Bitcoin）在国际上引起了广泛关注，国内也有一些机构和个人借机炒作比特币及与比特币相关的产品。为保护社会公众的财产权益，保障人民币的法定货币地位，防范洗钱风险，维护金融稳定，依据《中华人民共和国中国人民银行法》、《中华人民共和国反洗钱法》、《中华人民共和国商业银行法》、《中华人民共和国电信条例》等有关法律法规，现将有关事项通知如下：

一、正确认识比特币的属性

比特币具有没有集中发行方、总量有限、使用不受地域限制

和匿名性等四个主要特点。虽然比特币被称为"货币",但由于其不是由货币当局发行,不具有法偿性与强制性等货币属性,并不是真正意义的货币。从性质上看,比特币应当是一种特定的虚拟商品,不具有与货币等同的法律地位,不能且不应作为货币在市场上流通使用。

二、各金融机构和支付机构不得开展与比特币相关的业务

现阶段,各金融机构和支付机构不得以比特币为产品或服务定价,不得买卖或作为中央对手买卖比特币,不得承保与比特币相关的保险业务或将比特币纳入保险责任范围,不得直接或间接为客户提供其他与比特币相关的服务,包括:为客户提供比特币登记、交易、清算、结算等服务;接受比特币或以比特币作为支付结算工具;开展比特币与人民币及外币的兑换服务;开展比特币的储存、托管、抵押等业务;发行与比特币相关的金融产品;将比特币作为信托、基金等投资的投资标的等。

三、加强对比特币互联网站的管理

依据《中华人民共和国电信条例》和《互联网信息服务管理办法》,提供比特币登记、交易等服务的互联网站应当在电信管理机构备案。

电信管理机构根据相关管理部门的认定和处罚意见,依法对违法比特币互联网站予以关闭。

四、防范比特币可能产生的洗钱风险

中国人民银行各分支机构应当密切关注比特币及其他类似的具有匿名、跨境流通便利等特征的虚拟商品的动向及态势,认真研判洗钱风险,研究制定有针对性的防范措施。各分支机构应当将在辖区内依法设立并提供比特币登记、交易等服务的机构纳入反洗钱监管,督促其加强反洗钱监测。

提供比特币登记、交易等服务的互联网站应切实履行反洗钱

义务，对用户身份进行识别，要求用户使用实名注册，登记姓名、身份证号码等信息。各金融机构、支付机构以及提供比特币登记、交易等服务的互联网站如发现与比特币及其他虚拟商品相关的可疑交易，应当立即向中国反洗钱监测分析中心报告，并配合中国人民银行的反洗钱调查活动；对于发现使用比特币进行诈骗、赌博、洗钱等犯罪活动线索的，应及时向公安机关报案。

五、加强对社会公众货币知识的教育及投资风险提示

各部门和金融机构、支付机构在日常工作中应当正确使用货币概念，注重加强对社会公众货币知识的教育，将正确认识货币、正确看待虚拟商品和虚拟货币、理性投资、合理控制投资风险、维护自身财产安全等观念纳入金融知识普及活动的内容，引导社会公众树立正确的货币观念和投资理念。

各金融监管机构可以根据本通知制定相关实施细则。

请中国人民银行上海总部，各分行、营业管理部、省会（首府）城市中心支行将本通知转发至辖区内各地方性金融机构和支付机构。本通知执行过程中发现的新情况、新问题，请及时向中国人民银行报告。

2. 关于防范比特币等所谓"虚拟货币"风险的提示

中国互联网金融协会
关于防范比特币等所谓"虚拟货币"风险的提示
（2017年9月13日）

近年来，比特币、莱特币以及各类代币等所谓"虚拟货币"在一些互联网平台进行集中交易，涉众人数逐渐扩大，所形成的金融和社会风险隐患不容忽视。为帮助社会公众正确了解比特币等所谓"虚拟货币"，认识投资风险，保护自身权益，现就有关

风险事项提示如下:

比特币等所谓"虚拟货币"缺乏明确的价值基础,市场投机气氛浓厚,价格波动剧烈,投资者盲目跟风炒作,易造成资金损失,投资者需强化风险防范意识。值得注意的是,比特币等所谓"虚拟货币"日益成为洗钱、贩毒、走私、非法集资等违法犯罪活动的工具,投资者应保持警惕,发现违法犯罪活动线索应立即报案。

投资者通过比特币等所谓"虚拟货币"的交易平台参与投机炒作,面临价格大幅波动风险、安全性风险等,且平台技术风险也较高,国际上已发生多起交易平台遭黑客入侵盗窃事件,投资者须自行承担投资风险。不法分子也往往利用交易平台获取所谓"虚拟货币"以从事相关非法活动,存在较大的法律风险,近期大量交易平台因支持代币发行融资活动(ICO)已被监管部门叫停。各类所谓"币"的交易平台在我国并无合法设立的依据。

中国互联网金融协会呼吁:各会员单位应履行行业自律公约的承诺,严格遵守国家法律和监管规定,不参与任何与所谓"虚拟货币"相关的集中交易或为此类交易提供服务,主动抵制任何违法违规的金融活动。

3. 关于防范代币发行融资风险的公告

中国人民银行　中央网信办　工业和信息化部
工商总局　银监会　证监会　保监会
关于防范代币发行融资风险的公告
(2017年9月4日)

近期,国内通过发行代币形式包括首次代币发行(ICO)进行融资的活动大量涌现,投机炒作盛行,涉嫌从事非法金融活动,严重扰乱了经济金融秩序。为贯彻落实全国金融工作会议精神，保护投资者合法权益，防范化解金融风险，依据《中华人民共和国人民银行法》、《中华人民共和国商业银行法》、《中华人民共和国证券法》、《中华人民共和国网络安全法》、《中华人民共和国电信条例》、《非法金融机构和非法金融业务活动取缔办法》等法律法规，现将有关事项公告如下：

一、准确认识代币发行融资活动的本质属性

代币发行融资是指融资主体通过代币的违规发售、流通，向投资者筹集比特币、以太币等所谓"虚拟货币"，本质上是一种未经批准非法公开融资的行为，涉嫌非法发售代币票券、非法发行证券以及非法集资、金融诈骗、传销等违法犯罪活动。有关部门将密切监测有关动态，加强与司法部门和地方政府的工作协同，按照现行工作机制，严格执法，坚决治理市场乱象。发现涉嫌犯罪问题，将移送司法机关。

代币发行融资中使用的代币或"虚拟货币"不由货币当局发行，不具有法偿性与强制性等货币属性，不具有与货币等同的法律地位，不能也不应作为货币在市场上流通使用。

二、任何组织和个人不得非法从事代币发行融资活动

本公告发布之日起，各类代币发行融资活动应当立即停止。已完成代币发行融资的组织和个人应当做出清退等安排，合理保护投资者权益，妥善处置风险。有关部门将依法严肃查处拒不停止的代币发行融资活动以及已完成的代币发行融资项目中的违法违规行为。

三、加强代币融资交易平台的管理

本公告发布之日起，任何所谓的代币融资交易平台不得从事法定货币与代币、"虚拟货币"相互之间的兑换业务，不得买卖或作为中央对手方买卖代币或"虚拟货币"，不得为代币或"虚

拟货币"提供定价、信息中介等服务。

对于存在违法违规问题的代币融资交易平台，金融管理部门将提请电信主管部门依法关闭其网站平台及移动 App，提请网信部门对移动 App 在应用商店做下架处置，并提请工商管理部门依法吊销其营业执照。

四、各金融机构和非银行支付机构不得开展与代币发行融资交易相关的业务

各金融机构和非银行支付机构不得直接或间接为代币发行融资和"虚拟货币"提供账户开立、登记、交易、清算、结算等产品或服务，不得承保与代币和"虚拟货币"相关的保险业务或将代币和"虚拟货币"纳入保险责任范围。金融机构和非银行支付机构发现代币发行融资交易违法违规线索的，应当及时向有关部门报告。

五、社会公众应当高度警惕代币发行融资与交易的风险隐患

代币发行融资与交易存在多重风险，包括虚假资产风险、经营失败风险、投资炒作风险等，投资者须自行承担投资风险，希望广大投资者谨防上当受骗。

对各类使用"币"的名称开展的非法金融活动，社会公众应当强化风险防范意识和识别能力，及时举报相关违法违规线索。

六、充分发挥行业组织的自律作用

各类金融行业组织应当做好政策解读，督促会员单位自觉抵制与代币发行融资交易及"虚拟货币"相关的非法金融活动，远离市场乱象，加强投资者教育，共同维护正常的金融秩序。

4. 关于防范变相 ICO 活动的风险提示

中国互联网金融协会关于防范变相 ICO 活动的风险提示

（2018 年 1 月 12 日）

2017 年 9 月，在中国人民银行等七部委联合发布的《关于防范代币发行融资风险的公告》中明确指出，代币发行融资（ICO）行为涉嫌非法集资、非法发行证券以及非法发售代币票券等违法犯罪活动，任何组织和个人应立即停止从事 ICO。随着各地 ICO 项目逐步完成清退，以发行迅雷"链克"（原名"玩客币"）为代表，一种名为"以矿机为核心发行虚拟数字资产"（IMO）的模式值得警惕，存在风险隐患。

10 月以来，以 IMO 模式发行的"虚拟数字资产"，包括链克、流量币、BFC 积分等。以迅雷"链克"为例，发行企业实际上是用"链克"代替了对参与者所贡献服务的法币付款义务，本质上是一种融资行为，是变相 ICO。同时，迅雷还通过招商大会频繁推销、发布交易教程助推炒作等方式，吸引大量不具备识别能力的群众卷入其中。

中国互联网金融协会呼吁，广大消费者和投资者应认清相关模式的本质，增强风险防范意识，理性投资，不要盲目跟风炒作。对于 IMO 模式以及各类通过部署境外服务器继续面向境内居民开办 ICO 及"虚拟货币"交易场所服务，发现涉及非法金融活动的，可向有关监管机关或中国互联网金融协会举报，对其中涉嫌违法犯罪的，可向公安机关报案。中国互联网金融协会会员应加强自律，抵制非法金融活动，不参与任何涉及 ICO 或炒作"虚拟货币"的行为。

5. 关于防范境外 ICO 与"虚拟货币"交易风险的提示

中国互联网金融协会
关于防范境外 ICO 与"虚拟货币"交易风险的提示

（2018 年 1 月 26 日）

2017 年 9 月 4 日，中国人民银行等七部委联合发布《关于防范代币发行融资风险的公告》明确指出，自公告发布之日起，各类代币发行融资活动应当立即停止；各金融机构和非银行支付机构不得开展与代币发行融资交易相关的业务；对于存在违法违规问题的代币融资交易平台，金融管理部门将提请电信主管部门依法关闭其网站平台及移动 App，提请网信部门对移动 App 在应用商店做下架处置，并提请工商管理部门依法吊销其营业执照。

目前，有关管理部门对境内 ICO 行为及"虚拟货币"交易场所的清理整治工作已基本完成，其间有部分投资者转向境外开展相关活动。根据国家相关管理政策，境内投资者的网络访问渠道、支付渠道等可能会受到影响，投资者将蒙受损失。同时，需要向投资者指出，由于在国际上也普遍缺乏规范，目前境外的交易平台一样存在系统安全、市场操纵和洗钱等风险隐患。

近期，随着世界各国政府都注意加强对"虚拟货币"领域的监管，有的境外交易平台可能会被所在国政府强制取缔，有的境外交易平台因存在明显的合规风险已被限制访问。在这种背景情况下，境内投资者转向境外平台参与交易将面临一定的风险。与此同时，协会监测发现，境内有部分机构或个人还在组织开展所谓的币币交易和场外交易，并配之以做市商、担保商等服务，这实质还是属于"虚拟货币"交易场所，与现行政策规定明显不符。在这些相关交易中,有部分国内社交平台为"虚拟货币"集中交易提供各种便利,一些非银行支付机构为"虚拟货币"交易提供支付服务。广大投资者应意识到,上述这些为"虚拟货币"交易提供服务的行为均面临政策风险。投资者应主动强化风险意识,保持理性,远离各类非法金融活动。

中国互联网金融协会郑重呼吁广大投资者认清境外 ICO 与"虚拟货币"交易平台的风险,牢固树立风险防范意识。中国互联网金融协会会员应恪守行业自律承诺,主动抵制违法违规金融活动,不参与或组织参与任何涉及 ICO 和"虚拟货币"交易的活动。

6. 关于防范以"虚拟货币""区块链"名义进行非法集资的风险提示

中国银行保险监督管理委员会、
中央网络安全和信息化领导小组办公室、
公安部、中国人民银行、国家市场监督管理总局
关于防范以"虚拟货币""区块链"名义
进行非法集资的风险提示

(2018 年 8 月 24 日)

银保监会、中央网信办、公安部、人民银行、市场监管总局提示:

近期,一些不法分子打着"金融创新""区块链"的旗号,通过发行所谓"虚拟货币""虚拟资产""数字资产"等方式吸收资金,侵害公众合法权益。此类活动并非真正基于区块链技术,而是炒作区块链概念行非法集资、传销、诈骗之实,主要有以下特征:

一、网络化、跨境化明显。依托互联网、聊天工具进行交易,

利用网上支付工具收支资金，风险波及范围广、扩散速度快。一些不法分子通过租用境外服务器搭建网站，实质面向境内居民开展活动，并远程控制实施违法活动。一些个人在聊天工具群组中声称获得了境外优质区块链项目投资额度，可以代为投资，极可能是诈骗活动。这些不法活动资金多流向境外，监管和追踪难度很大。

二、欺骗性、诱惑性、隐蔽性较强。利用热点概念进行炒作，编造名目繁多的"高大上"理论，有的还利用名人大V"站台"宣传，以空投"糖果"等为诱惑，宣称"币值只涨不跌""投资周期短、收益高、风险低"，具有较强蛊惑性。实际操作中，不法分子通过幕后操纵所谓虚拟货币价格走势、设置获利和提现门槛等手段非法牟取暴利。此外，一些不法分子还以 ICO、IFO、IEO 等花样翻新的名目发行代币，或打着共享经济的旗号以 IMO 方式进行虚拟货币炒作，具有较强的隐蔽性和迷惑性。

三、存在多种违法风险。不法分子通过公开宣传，以"静态收益"（炒币升值获利）和"动态收益"（发展下线获利）为诱饵，吸引公众投入资金，并利诱投资人发展人员加入，不断扩充资金池，具有非法集资、传销、诈骗等违法行为特征。

此类活动以"金融创新"为噱头，实质是"借新还旧"的庞氏骗局，资金运转难以长期维系。请广大公众理性看待区块链，不要盲目相信天花乱坠的承诺，树立正确的货币观念和投资理念，切实提高风险意识；对发现的违法犯罪线索，可积极向有关部门举报反映。

7. 区块链信息服务管理规定

区块链信息服务管理规定

（国家互联网信息办公室令第3号 2019年2月15日）

第一条 为了规范区块链信息服务活动，维护国家安全和社会公共利益，保护公民、法人和其他组织的合法权益，促进区块链技术及相关服务的健康发展，根据《中华人民共和国网络安全法》《互联网信息服务管理办法》和《国务院关于授权国家互联网信息办公室负责互联网信息内容管理工作的通知》，制定本规定。

第二条 在中华人民共和国境内从事区块链信息服务，应当遵守本规定。法律、行政法规另有规定的，遵照其规定。

本规定所称区块链信息服务，是指基于区块链技术或者系统，通过互联网站、应用程序等形式，向社会公众提供信息服务。

本规定所称区块链信息服务提供者，是指向社会公众提供区块链信息服务的主体或者节点，以及为区块链信息服务的主体提供技术支持的机构或者组织；本规定所称区块链信息服务使用者，是指使用区块链信息服务的组织或者个人。

第三条 国家互联网信息办公室依据职责负责全国区块链信息服务的监督管理执法工作。省、自治区、直辖市互联网信息办公室依据职责负责本行政区域内区块链信息服务的监督管理执法工作。

第四条 鼓励区块链行业组织加强行业自律，建立健全行业自律制度和行业准则，指导区块链信息服务提供者建立健全服务规范，推动行业信用评价体系建设，督促区块链信息服务提供者依法提供服务、接受社会监督，提高区块链信息服务从业人员的职业素养，促进行业健康有序发展。

第五条 区块链信息服务提供者应当落实信息内容安全管理责任，建立健全用户注册、信息审核、应急处置、安全防护等管理制度。

第六条 区块链信息服务提供者应当具备与其服务相适应的技术条件，对于法律、行政法规禁止的信息内容，应当具备对其发布、记录、存储、传播的即时和应急处置能力，技术方案应当符合国家相关标准规范。

第七条 区块链信息服务提供者应当制定并公开管理规则和平台公约，与区块链信息服务使用者签订服务协议，明确双方权利义务，要求其承诺遵守法律规定和平台公约。

第八条 区块链信息服务提供者应当按照《中华人民共和国网络安全法》的规定，对区块链信息服务使用者进行基于组织机构代码、身份证件号码或者移动电话号码等方式的真实身份信息认证。用户不进行真实身份信息认证的，区块链信息服务提供者不得为其提供相关服务。

第九条 区块链信息服务提供者开发上线新产品、新应用、新功能的，应当按照有关规定报国家和省、自治区、直辖市互联网信息办公室进行安全评估。

第十条 区块链信息服务提供者和使用者不得利用区块链信息服务从事危害国家安全、扰乱社会秩序、侵犯他人合法权益等法律、行政法规禁止的活动，不得利用区块链信息服务制作、复制、发布、传播法律、行政法规禁止的信息内容。

第十一条 区块链信息服务提供者应当在提供服务之日起十个工作日内通过国家互联网信息办公室区块链信息服务备案管理系统填报服务提供者的名称、服务类别、服务形式、应用领域、服务器地址等信息，履行备案手续。

区块链信息服务提供者变更服务项目、平台网址等事项的,应当在变更之日起五个工作日内办理变更手续。

区块链信息服务提供者终止服务的,应当在终止服务三十个工作日前办理注销手续,并作出妥善安排。

第十二条 国家和省、自治区、直辖市互联网信息办公室收到备案人提交的备案材料后,材料齐全的,应当在二十个工作日内予以备案,发放备案编号,并通过国家互联网信息办公室区块链信息服务备案管理系统向社会公布备案信息;材料不齐全的,不予备案,在二十个工作日内通知备案人并说明理由。

第十三条 完成备案的区块链信息服务提供者应当在其对外提供服务的互联网站、应用程序等的显著位置标明其备案编号。

第十四条 国家和省、自治区、直辖市互联网信息办公室对区块链信息服务备案信息实行定期查验,区块链信息服务提供者应当在规定时间内登录区块链信息服务备案管理系统,提供相关信息。

第十五条 区块链信息服务提供者提供的区块链信息服务存在信息安全隐患的,应当进行整改,符合法律、行政法规等相关规定和国家相关标准规范后方可继续提供信息服务。

第十六条 区块链信息服务提供者应当对违反法律、行政法规规定和服务协议的区块链信息服务使用者,依法依约采取警示、限制功能、关闭账号等处置措施,对违法信息内容及时采取相应的处理措施,防止信息扩散,保存有关记录,并向有关主管部门报告。

第十七条 区块链信息服务提供者应当记录区块链信息服务使用者发布内容和日志等信息,记录备份应当保存不少于六个月,并在相关执法部门依法查询时予以提供。

第十八条 区块链信息服务提供者应当配合网信部门依法实

施的监督检查,并提供必要的技术支持和协助。

区块链信息服务提供者应当接受社会监督,设置便捷的投诉举报入口,及时处理公众投诉举报。

第十九条 区块链信息服务提供者违反本规定第五条、第六条、第七条、第九条、第十一条第二款、第十三条、第十五条、第十七条、第十八条规定的,由国家和省、自治区、直辖市互联网信息办公室依据职责给予警告,责令限期改正,改正前应当暂停相关业务;拒不改正或者情节严重的,并处五千元以上三万元以下罚款;构成犯罪的,依法追究刑事责任。

第二十条 区块链信息服务提供者违反本规定第八条、第十六条规定的,由国家和省、自治区、直辖市互联网信息办公室依据职责,按照《中华人民共和国网络安全法》的规定予以处理。

第二十一条 区块链信息服务提供者违反本规定第十条的规定,制作、复制、发布、传播法律、行政法规禁止的信息内容的,由国家和省、自治区、直辖市互联网信息办公室依据职责给予警告,责令限期改正,改正前应当暂停相关业务;拒不改正或者情节严重的,并处二万元以上三万元以下罚款;构成犯罪的,依法追究刑事责任。

区块链信息服务使用者违反本规定第十条的规定,制作、复制、发布、传播法律、行政法规禁止的信息内容的,由国家和省、自治区、直辖市互联网信息办公室依照有关法律、行政法规的规定予以处理。

第二十二条 区块链信息服务提供者违反本规定第十一条第一款的规定,未按照本规定履行备案手续或者填报虚假备案信息的,由国家和省、自治区、直辖市互联网信息办公室依据职责责令限期改正;拒不改正或者情节严重的,给予警告,并处一万元以上三万元以下罚款。

第二十三条　在本规定公布前从事区块链信息服务的,应当自本规定生效之日起二十个工作日内依照本规定补办有关手续。

第二十四条　本规定自 2019 年 2 月 15 日起施行。

8. 关于防范以区块链名义进行 ICO 与"虚拟货币"交易活动的风险提示

中国互联网金融协会
关于防范以区块链名义进行 ICO 与
"虚拟货币"交易活动的风险提示
(2019 年 12 月 13 日)

据金融监管部门和中国互联网金融协会监测发现,近期一些不法分子打着区块链旗号大肆炒作"虚拟货币",ICO 与"虚拟货币"交易活动在境内有死灰复燃迹象。究其本质,此类活动并非真正基于区块链技术,而是以区块链之名,行 ICO 与"虚拟货币"交易活动之实,违反了中国人民银行等七部委于 2017 年 9 月联合发布的《关于防范代币发行融资风险的公告》有关规定,并会损害消费者合法权益。

为此,中国互联网金融协会郑重提醒:各会员机构应严格遵守国家法律和监管规定,恪守行业自律要求,主动抵制非法金融活动,不参与任何涉及 ICO 和"虚拟货币"交易活动的炒作行为。

中国互联网金融协会呼吁广大消费者应谨慎判断以区块链名义进行的 ICO 与"虚拟货币"交易活动,主动增强风险防范意识和自我保护意识,不要盲目跟风炒作,防止上当受骗造成经济损失。如发现有任何机构涉及此类非法金融活动,消费者应及时向有关监管部门或中国互联网金融协会举报,对其中涉嫌违法犯罪的,应及时向公安机关报案。

9. 关于参与境外虚拟货币交易平台投机炒作的风险提示

中国互联网金融协会
关于参与境外虚拟货币交易平台投机炒作的风险提示
（2020年4月2日）

2017年，人民银行会同中央网信办等七部门发布了《关于防范代币发行融资风险的公告》，明确虚拟货币交易和ICO行为是非法金融活动，并开展清理整顿工作。

为逃避监管打击，一些虚拟货币交易平台注册或将服务器设置在境外，继续从事相关活动。这些平台常以各种噱头吸引消费者眼球，比如，近期国际金融市场波动较大，有平台开始炒作"虚拟货币是超越黄金白银的避险资产"概念，而实际情况则是其价格大幅下跌致使消费者损失惨重。不仅如此，这些平台还通过机器人程序刷量、篡改数据等行为，借以营造出虚拟货币交易市场的"繁荣"假象。通过对部分平台的交易数据抽样分析，40多种虚拟货币交易日换手率超过100%，70多种日换手率超过50%，在币种交易单价和市值均不高的情况下刷出巨额交易量，还有平台直接采用粗陋手段，爬取其他平台信息，完全复制伪造交易量。

在诱导消费者入场后，平台会采用各种操纵市场手段侵占消费者财产。一是在消费者不知情的情况下，平台通过高买低卖、高频交易等恶意操作程序侵占消费者财产。二是平台使用横盘、拉盘、砸盘等技术手段操纵交易，消费者完全不知道实际交易情况。三是平台常通过宕机、拔网线、冻结资产等手段使交易突然停滞，参与杠杆交易的消费者因无法主动平仓引发爆仓而损失惨重。

须注意的是，由于"出海"经营，这些平台运营主体较为隐蔽，其通过频繁变更网站域名和服务器地址，以及采取线上导流线下交易等方式，逃避监管部门打击，其运营主体注册地、办公地以及业务开展区域常常不同，消费者往往无法确定运营者身份，一旦发生财产损失很难追回。

为此，中国互联网金融协会郑重提醒：任何机构和个人都应严格遵守国家法律和监管规定，不参与虚拟货币交易活动及相关投机行为。会员机构还应恪守行业自律要求，主动抵制非法金融活动，不为其提供便利。广大消费者应主动增强风险防范意识和自我保护意识，不要盲目跟风参与相关投机行为，如发现有任何机构涉及此类非法金融活动，及时向有关监管部门或中国互联网金融协会举报，对其中涉嫌违法犯罪的，应及时向公安机关报案。

10. 关于防范虚拟货币交易炒作风险的公告

中国互联网金融协会、中国银行业协会、中国支付清算协会关于防范虚拟货币交易炒作风险的公告

（2021年5月18日）

近期，虚拟货币价格暴涨暴跌，虚拟货币交易炒作活动有所反弹，严重侵害人民群众财产安全，扰乱经济金融正常秩序。为进一步贯彻落实中国人民银行等部门发布的《关于防范比特币风险的通知》《关于防范代币发行融资风险的公告》等要求，防范虚拟货币交易炒作风险，中国互联网金融协会、中国银行业协会、中国支付清算协会联合就有关事项公告如下：

一、正确认识虚拟货币及相关业务活动的本质属性

虚拟货币是一种特定的虚拟商品，不由货币当局发行，不具有法偿性与强制性等货币属性，不是真正的货币，不应且不能作

为货币在市场上流通使用。

开展法定货币与虚拟货币兑换及虚拟货币之间的兑换业务、作为中央对手方买卖虚拟货币、为虚拟货币交易提供信息中介和定价服务、代币发行融资以及虚拟货币衍生品交易等相关交易活动，违反有关法律法规，并涉嫌非法集资、非法发行证券、非法发售代币票券等犯罪活动。

二、有关机构不得开展与虚拟货币相关的业务

金融机构、支付机构等会员单位要切实增强社会责任，不得用虚拟货币为产品和服务定价，不得承保与虚拟货币相关的保险业务或将虚拟货币纳入保险责任范围，不得直接或间接为客户提供其他与虚拟货币相关的服务，包括但不限于：为客户提供虚拟货币登记、交易、清算、结算等服务；接受虚拟货币或将虚拟货币作为支付结算工具；开展虚拟货币与人民币及外币的兑换服务；开展虚拟货币的储存、托管、抵押等业务；发行与虚拟货币相关的金融产品；将虚拟货币作为信托、基金等投资的投资标的等。

金融机构、支付机构等会员单位应切实加强虚拟货币交易资金监测，依托行业自律机制，强化风险信息共享，提高行业风险联防联控水平；发现违法违规线索的，要及时按程序采取限制、暂停或终止相关交易、服务等措施，并向有关部门报告；同时积极运用多渠道、多元化的触达手段，加强客户宣传和警示教育，主动做好涉虚拟货币风险提示。

互联网平台企业会员单位不得为虚拟货币相关业务活动提供网络经营场所、商业展示、营销宣传、付费导流等服务，发现相关问题线索应及时向有关部门报告，并为相关调查、侦查工作提供技术支持和协助。

三、消费者要提高风险防范意识，谨防财产和权益损失

虚拟货币无真实价值支撑，价格极易被操纵，相关投机交易

活动存在虚假资产风险、经营失败风险、投资炒作风险等多重风险。从我国现有司法实践看，虚拟货币交易合同不受法律保护，投资交易造成的后果和引发的损失由相关方自行承担。

广大消费者要增强风险意识，树立正确的投资理念，不参与虚拟货币交易炒作活动，谨防个人财产及权益受损。要珍惜个人银行账户，不用于虚拟货币账户充值和提现、购买和销售相关交易充值码以及划转相关交易资金等活动，防止违法使用和个人信息泄露。

四、加强对会员单位的自律管理

各会员单位要严格落实国家有关监管要求，恪守行业自律承诺，坚决不开展、不参与任何与虚拟货币相关的业务活动。三家协会将加强对会员单位的自律监督，发现违反有关监管规定和行业自律管理要求的，将依照相关自律规范对其采取业内通报、暂停会员权利、取消会员资格等处分措施，并向金融管理部门报告，涉嫌违法犯罪的，将有关线索移送公安机关。

11. 关于整治虚拟货币"挖矿"活动的通知

**国家发展改革委　中央宣传部　中央网信办　工业和信息化部
公安部　财政部　人民银行　税务总局　市场监管总局
银保监会　国家能源局
关于整治虚拟货币"挖矿"活动的通知**

（发改运行〔2021〕1283号　2021年9月3日）

各省、自治区、直辖市人民政府，新疆生产建设兵团：

为有效防范处置虚拟货币"挖矿"活动盲目无序发展带来的风险隐患，深入推进节能减排，助力如期实现碳达峰、碳中和目标，现就整治虚拟货币"挖矿"活动有关事项通知如下：

一、充分认识整治虚拟货币"挖矿"活动的重要意义

虚拟货币"挖矿"活动指通过专用"矿机"计算生产虚拟货币的过程，能源消耗和碳排放量大，对国民经济贡献度低，对产业发展、科技进步等带动作用有限，加之虚拟货币生产、交易环节衍生的风险越发突出，其盲目无序发展对推动经济社会高质量发展和节能减排带来不利影响。整治虚拟货币"挖矿"活动对促进我国产业结构优化、推动节能减排、如期实现碳达峰、碳中和目标具有重要意义。各地区、各部门和有关企业要高度重视，充分认识整治虚拟货币"挖矿"活动的必要性和重要性，切实把整治虚拟货币"挖矿"活动作为促进经济社会高质量发展的一项重要任务，进一步增强责任感和紧迫感，抓住关键环节，采取有效措施，全面整治虚拟货币"挖矿"活动，确保取得实际成效。

二、总体要求

（一）指导思想。以习近平新时代中国特色社会主义思想为指导，全面贯彻党的十九大和十九届二中、三中、四中、五中全会精神，深入贯彻习近平生态文明思想，坚定不移贯彻新发展理念，按照"严密监测、严防风险、严禁增量、妥处存量"的总体思路，充分发挥各地区、各部门合力，加强虚拟货币"挖矿"活动上下游全产业链监管，严禁新增虚拟货币"挖矿"项目，加快存量项目有序退出，促进产业结构优化和助力碳达峰、碳中和目标如期实现。

（二）基本原则。

坚持分级负责。建立中央统筹、省负总责、市县落实的工作机制。中央统筹全国虚拟货币"挖矿"活动整治整体推进工作；省级政府对本区域范围的整治工作负总责，并压实市县政府落实责任，按照中央统一安排明确具体实施方案；市县政府按照中央部署和省级政府实施方案要求，细化落实举措，保证落实到位。

坚持分类处理。区分虚拟货币"挖矿"增量和存量项目。严禁投资建设增量项目，禁止以任何名义发展虚拟货币"挖矿"项目；加快有序退出存量项目，在保证平稳过渡的前提下，结合各地实际情况科学确定退出时间表和实施路径。

坚持依法依规。运用法治思维和法治方式全面推进虚拟货币"挖矿"活动整治工作，严格执行有关法律法规和规章制度，严肃查处整治各地违规虚拟货币"挖矿"活动。

坚持积极稳妥。在整治虚拟货币"挖矿"活动推进过程中，要积极作为、稳妥推进，既实现加快退出，又妥善化解矛盾纠纷，确保社会稳定。

三、全面梳理排查虚拟货币"挖矿"项目

（三）梳理排查存量项目。全面摸排本地已投产运行的虚拟货币"挖矿"项目，建立项目清单，对在运的虚拟货币"挖矿"项目逐一梳理所属企业、规模、算力、耗电量等基础数据，每周实时动态更新。对大数据产业园、高技术园区内是否存在虚拟货币"挖矿"活动进行全面排查，精准区分数据中心与虚拟货币"矿场"，保证本地虚拟货币"挖矿"排查工作不留空白。

（四）梳理排查在建新增项目。在虚拟货币"挖矿"项目前期工作各个环节中加大排查力度，对正在建设或准备建设的虚拟货币"挖矿"项目建立清单，逐一梳理所属企业、规模、算力、耗电量、计划投产时间等基础信息。在节能审查、用电报装申请等环节加大甄别力度，保证梳理排查数据真实全面。

（五）加强异常用电监测分析。进一步开展并网发电数据、异常用电数据分析，运用技术手段监测监控，加强数据中心用电大户现场检查。加大对除来水、调度等系统原因以外的并网电厂降负荷数据监控力度，防止公用并网电厂拉专线直供虚拟货币"挖矿"企业。对发现的非法供电行为，及时向有关监管部门报告。

四、严禁新增项目投资建设

（六）强化新增虚拟货币"挖矿"项目能耗双控约束。将严禁新增虚拟货币"挖矿"项目纳入能耗双控考核体系，严格落实地方政府能耗管控责任，对发现并查实新增虚拟货币"挖矿"项目的地区，在能耗双控考核中，按新增项目能耗量加倍计算能源消费量。

（七）将虚拟货币"挖矿"活动列为淘汰类产业。将"虚拟货币'挖矿'活动"增补列入《产业结构调整指导目录（2019年本）》"淘汰类"。在增补列入前，将虚拟货币"挖矿"项目视同淘汰类产业处理，按照《国务院关于发布实施〈促进产业结构调整暂行规定〉的决定》（国发〔2005〕40号）有关规定禁止投资。

（八）严禁以数据中心名义开展虚拟货币"挖矿"活动。强化虚拟货币"挖矿"活动监管调查，明确区分"挖矿"与区块链、大数据、云计算等产业界限，引导相关企业发展资源消耗低、附加价值高的高技术产业，严禁利用数据中心开展虚拟货币"挖矿"活动，禁止以发展数字经济、战略性新兴产业等名义宣传、扩大虚拟货币"挖矿"项目。

（九）加强数据中心类企业信用监管。对数据中心类企业开展信用监管，实施信用承诺制，组织签署信用承诺书，自主承诺不参与虚拟货币"挖矿"活动。依托各级信用信息共享平台将企业承诺内容以及承诺履行情况纳入信用记录，作为事中事后监管依据。对不履行承诺的企业依法实施限制。

（十）严格限制虚拟货币"挖矿"企业用电报装和用能。禁止新增虚拟货币"挖矿"项目报装接电，严格用电报装业务审核，不得以任何名义向虚拟货币"挖矿"企业供电，在办申请的报装项目一律停止办理。严格落实电力业务许可制度，严禁以网前供电、拉专线等方式对新建虚拟货币"挖矿"项目的企业供电。加强用电报装业务监管，通过"双随机、一公开"等方式开展抽查核实。

（十一）严禁对新建虚拟货币"挖矿"项目提供财税金融支持。严禁地方政府、金融机构和非银行支付机构等以财税、金融等任何形式支持新建虚拟货币"挖矿"项目。对政府主导的产业园区，不允许引入新的虚拟货币"挖矿"项目。

五、加快存量项目有序退出

（十二）依法查处违法违规供电行为。加大行政执法工作力度，坚决杜绝发电企业特别是小水电企业向虚拟货币"挖矿"项目网前供电、专线直供电等行为。严禁虚拟货币"挖矿"企业以任何形式发展自备电厂供电。畅通12398能源监管投诉举报热线等各类渠道，严肃查处违法违规供电行为，并依法依规给予行政处罚。对已查实非法用电的虚拟货币"挖矿"企业依法采取停限电措施。

（十三）实行差别电价。将虚拟货币"挖矿"项目纳入差别电价政策实施范围，执行"淘汰类"企业电价，加价标准为每千瓦时0.30元，地方可根据实际情况进一步提高加价标准。及时更新虚拟货币"挖矿"项目名单，加强监督检查，确保差别电价政策严格执行到位，对虚拟货币"挖矿"企业及时足额收取加价电费。

（十四）不允许虚拟货币"挖矿"项目参与电力市场。加强电力市场秩序监管力度，对参与电力市场的企业用户加强甄别，不允许虚拟货币"挖矿"项目以任何名义参与电力市场，不允许虚拟货币"挖矿"项目以任何方式享受电力市场让利。已进入电力市场的虚拟货币"挖矿"项目需限期退出。

（十五）停止对虚拟货币"挖矿"项目的一切财税支持。对地方政府已经给予税费、房租、水电费等优惠政策的存量项目，要限期予以停止和取消。对虚拟货币"挖矿"项目及其所在园区,不允许地方政府给予财政补贴和税收优惠政策。

(十六)停止对虚拟货币"挖矿"项目提供金融服务。禁止各金融机构、非银行支付机构直接或间接为虚拟货币"挖矿"企业和项目提供金融服务和各种形式的授信支持,并采取措施收回已发放的贷款。严厉打击各类以虚拟货币"挖矿"名义开展的非法集资和非法发行证券活动。

(十七)按照《产业结构调整指导目录》规定限期淘汰。按照《产业结构调整指导目录》有关规定,采取有力措施对存量虚拟货币"挖矿"项目即行有序整改淘汰。对不按期淘汰的企业,要依据国家有关法律法规责令其停产或予以关闭。对违反规定者,依法追究相关责任。

六、保障措施

(十八)明确责任分工。发展改革部门会同金融、能源、工信、网信、财政、税务、市场监管等部门统筹推进对"挖矿"活动的整治工作。各地区要建立相应的协调推进机制,细化措施,确保任务落实到位。各地区、各有关部门要加强工作协同和信息共享,按照"中央统筹、省负总责、市县落实"的原则,切实推动虚拟货币"挖矿"活动整治工作。

(十九)形成监管合力。金融管理部门、网信部门加强对相关主体的监测分析和穿透式监管,对虚拟加密资产大数据监测平台等识别出的矿场定位到 IP 地址、具体企业和物理住所,并加强与相关监管部门的信息共享交流和数据交叉验证,形成全链条治理合力。能源监管机构要加大力度对违规供电项目和存在电力安全隐患项目进行查处,并对违反规定参与电力市场交易的行为进行监管。各地有关部门要建立联合工作机制,对虚拟货币"挖矿"和交易环节进行全链条治理。各地要建立完善举报平台,畅通全社会对虚拟货币"挖矿"项目的监督渠道。

（二十）强化督促落实。各地区要明确时间表、路线图，建立工作台账，强化工作落实，及时跟踪分析涉及本地区的相关政策措施实施进展及成效，确保各项工作措施做实做细、落实到位。国家相关部门要适时组织第三方机构对各地虚拟货币"挖矿"项目清理退出情况开展评估，并建立信息通报机制，及时通报各地工作进展。

12. 关于进一步防范和处置虚拟货币交易炒作风险的通知

中国人民银行　中央网信办　最高人民法院　最高人民检察院
工业和信息化部　公安部　市场监管总局　银保监会
证监会　外汇局
关于进一步防范和处置虚拟货币交易炒作风险的通知
（银发〔2021〕237号　2021年9月15日）

各省、自治区、直辖市人民政府，新疆生产建设兵团：

近期，虚拟货币交易炒作活动抬头，扰乱经济金融秩序，滋生赌博、非法集资、诈骗、传销、洗钱等违法犯罪活动，严重危害人民群众财产安全。为进一步防范和处置虚拟货币交易炒作风险，切实维护国家安全和社会稳定，依据《中华人民共和国中国人民银行法》《中华人民共和国商业银行法》《中华人民共和国证券法》《中华人民共和国网络安全法》《中华人民共和国电信条例》《防范和处置非法集资条例》《期货交易管理条例》《国务院关于清理整顿各类交易场所切实防范金融风险的决定》《国务院办公厅关于清理整顿各类交易场所的实施意见》等规定，现就有关事项通知如下：

一、明确虚拟货币和相关业务活动本质属性

（一）虚拟货币不具有与法定货币等同的法律地位。比特币、以太币、泰达币等虚拟货币具有非货币当局发行、使用加密技术及分布式账户或类似技术、以数字化形式存在等主要特点，不具有法偿性，不应且不能作为货币在市场上流通使用。

（二）虚拟货币相关业务活动属于非法金融活动。开展法定货币与虚拟货币兑换业务、虚拟货币之间的兑换业务、作为中央对手方买卖虚拟货币、为虚拟货币交易提供信息中介和定价服务、代币发行融资以及虚拟货币衍生品交易等虚拟货币相关业务活动涉嫌非法发售代币票券、擅自公开发行证券、非法经营期货业务、非法集资等非法金融活动，一律严格禁止，坚决依法取缔。对于开展相关非法金融活动构成犯罪的，依法追究刑事责任。

（三）境外虚拟货币交易所通过互联网向我国境内居民提供服务同样属于非法金融活动。对于相关境外虚拟货币交易所的境内工作人员，以及明知或应知其从事虚拟货币相关业务，仍为其提供营销宣传、支付结算、技术支持等服务的法人、非法人组织和自然人，依法追究有关责任。

（四）参与虚拟货币投资交易活动存在法律风险。任何法人、非法人组织和自然人投资虚拟货币及相关衍生品，违背公序良俗的，相关民事法律行为无效，由此引发的损失由其自行承担；涉嫌破坏金融秩序、危害金融安全的，由相关部门依法查处。

二、建立健全应对虚拟货币交易炒作风险的工作机制

（五）部门协同联动。人民银行会同中央网信办、最高人民法院、最高人民检察院、工业和信息化部、公安部、市场监管总局、银保监会、证监会、外汇局等部门建立工作协调机制，协同解决工作中的重大问题，督促指导各地区按统一部署开展工作。

（六）强化属地落实。各省级人民政府对本行政区域内防范

和处置虚拟货币交易炒作相关风险负总责,由地方金融监管部门牵头,国务院金融管理部门分支机构以及网信、电信主管、公安、市场监管等部门参加,建立常态化工作机制,统筹调动资源,积极预防、妥善处理虚拟货币交易炒作有关问题,维护经济金融秩序和社会和谐稳定。

三、加强虚拟货币交易炒作风险监测预警

(七)全方位监测预警。各省级人民政府充分发挥地方监测预警机制作用,线上监测和线下排查相结合,提高识别发现虚拟货币交易炒作活动的精度和效率。人民银行、中央网信办等部门持续完善加密资产监测技术手段,实现虚拟货币"挖矿"、交易、兑换的全链条跟踪和全时信息备份。金融管理部门指导金融机构和非银行支付机构加强对涉虚拟货币交易资金的监测工作。

(八)建立信息共享和快速反应机制。在各省级人民政府领导下,地方金融监管部门会同国务院金融管理部门分支机构、网信部门、公安机关等加强线上监控、线下摸排、资金监测的有效衔接,建立虚拟货币交易炒作信息共享和交叉验证机制,以及预警信息传递、核查、处置快速反应机制。

四、构建多维度、多层次的风险防范和处置体系

(九)金融机构和非银行支付机构不得为虚拟货币相关业务活动提供服务。金融机构和非银行支付机构不得为虚拟货币相关业务活动提供账户开立、资金划转和清算结算等服务,不得将虚拟货币纳入抵质押品范围,不得开展与虚拟货币相关的保险业务或将虚拟货币纳入保险责任范围,发现违法违规问题线索应及时向有关部门报告。

(十)加强对虚拟货币相关的互联网信息内容和接入管理。互联网企业不得为虚拟货币相关业务活动提供网络经营场所、商

业展示、营销宣传、付费导流等服务，发现违法违规问题线索应及时向有关部门报告，并为相关调查、侦查工作提供技术支持和协助。网信和电信主管部门根据金融管理部门移送的问题线索及时依法关闭开展虚拟货币相关业务活动的网站、移动应用程序、小程序等互联网应用。

（十一）加强对虚拟货币相关的市场主体登记和广告管理。市场监管部门加强市场主体登记管理，企业、个体工商户注册名称和经营范围中不得含有"虚拟货币""虚拟资产""加密货币""加密资产"等字样或内容。市场监管部门会同金融管理部门依法加强对涉虚拟货币相关广告的监管，及时查处相关违法广告。

（十二）严厉打击虚拟货币相关非法金融活动。发现虚拟货币相关非法金融活动问题线索后，地方金融监管部门会同国务院金融管理部门分支机构等相关部门依法及时调查认定、妥善处置，并严肃追究有关法人、非法人组织和自然人的法律责任，涉及犯罪的，移送司法机关依法查处。

（十三）严厉打击涉虚拟货币犯罪活动。公安部部署全国公安机关继续深入开展"打击洗钱犯罪专项行动""打击跨境赌博专项行动""断卡行动"，依法严厉打击虚拟货币相关业务活动中的非法经营、金融诈骗等犯罪活动，利用虚拟货币实施的洗钱、赌博等犯罪活动和以虚拟货币为噱头的非法集资、传销等犯罪活动。

（十四）加强行业自律管理。中国互联网金融协会、中国支付清算协会、中国银行业协会加强会员管理和政策宣传，倡导和督促会员单位抵制虚拟货币相关非法金融活动，对违反监管政策和行业自律规则的会员单位，依照有关自律管理规定予以惩戒。依托各类行业基础设施开展虚拟货币交易炒作风险监测，及时向有关部门移送问题线索。

五、强化组织实施

（十五）加强组织领导和统筹协调。各部门、各地区要高度重视应对虚拟货币交易炒作风险工作，加强组织领导，明确工作责任，形成中央统筹、属地实施、条块结合、共同负责的长效工作机制，保持高压态势，动态监测风险，采取有力措施，防范化解风险，依法保护人民群众财产安全，全力维护经济金融秩序和社会稳定。

（十六）加强政策解读和宣传教育。各部门、各地区及行业协会要充分运用各类媒体等传播渠道，通过法律政策解读、典型案例剖析、投资风险教育等方式，向社会公众宣传虚拟货币炒作等相关业务活动的违法性、危害性及其表现形式等，增强社会公众风险防范意识。

13.《中华人民共和国反电信网络诈骗法》第二十五条

《中华人民共和国反电信网络诈骗法》

（2022年9月2日第十三届全国人民代表大会常务委员会第三十六次会议通过）

第一章 总　则

第一条　为了预防、遏制和惩治电信网络诈骗活动，加强反电信网络诈骗工作，保护公民和组织的合法权益，维护社会稳定和国家安全，根据宪法，制定本法。

第二条　本法所称电信网络诈骗，是指以非法占有为目的，利用电信网络技术手段，通过远程、非接触等方式，诈骗公私财物的行为。

第三条　打击治理在中华人民共和国境内实施的电信网络诈

骗活动或者中华人民共和国公民在境外实施的电信网络诈骗活动，适用本法。

境外的组织、个人针对中华人民共和国境内实施电信网络诈骗活动的，或者为他人针对境内实施电信网络诈骗活动提供产品、服务等帮助的，依照本法有关规定处理和追究责任。

第四条 反电信网络诈骗工作坚持以人民为中心，统筹发展和安全；坚持系统观念、法治思维，注重源头治理、综合治理；坚持齐抓共管、群防群治，全面落实打防管控各项措施，加强社会宣传教育防范；坚持精准防治，保障正常生产经营活动和群众生活便利。

第五条 反电信网络诈骗工作应当依法进行，维护公民和组织的合法权益。

有关部门和单位、个人应当对在反电信网络诈骗工作过程中知悉的国家秘密、商业秘密和个人隐私、个人信息予以保密。

第六条 国务院建立反电信网络诈骗工作机制，统筹协调打击治理工作。

地方各级人民政府组织领导本行政区域内反电信网络诈骗工作，确定反电信网络诈骗目标任务和工作机制，开展综合治理。

公安机关牵头负责反电信网络诈骗工作，金融、电信、网信、市场监管等有关部门依照职责履行监管主体责任，负责本行业领域反电信网络诈骗工作。

人民法院、人民检察院发挥审判、检察职能作用，依法防范、惩治电信网络诈骗活动。

电信业务经营者、银行业金融机构、非银行支付机构、互联网服务提供者承担风险防控责任，建立反电信网络诈骗内部控制机制和安全责任制度，加强新业务涉诈风险安全评估。

第七条 有关部门、单位在反电信网络诈骗工作中应当密切协作，实现跨行业、跨地域协同配合、快速联动，加强专业队伍建设，有效打击治理电信网络诈骗活动。

第八条 各级人民政府和有关部门应当加强反电信网络诈骗宣传，普及相关法律和知识，提高公众对各类电信网络诈骗方式的防骗意识和识骗能力。

教育行政、市场监管、民政等有关部门和村民委员会、居民委员会，应当结合电信网络诈骗受害群体的分布等特征，加强对老年人、青少年等群体的宣传教育，增强反电信网络诈骗宣传教育的针对性、精准性，开展反电信网络诈骗宣传教育进学校、进企业、进社区、进农村、进家庭等活动。

各单位应当加强内部防范电信网络诈骗工作，对工作人员开展防范电信网络诈骗教育；个人应当加强电信网络诈骗防范意识。单位、个人应当协助、配合有关部门依照本法规定开展反电信网络诈骗工作。

第二章 电信治理

第九条 电信业务经营者应当依法全面落实电话用户真实身份信息登记制度。

基础电信企业和移动通信转售企业应当承担对代理商落实电话用户实名制管理责任，在协议中明确代理商实名制登记的责任和有关违约处置措施。

第十条 办理电话卡不得超出国家有关规定限制的数量。

对经识别存在异常办卡情形的，电信业务经营者有权加强核查或者拒绝办卡。具体识别办法由国务院电信主管部门制定。

国务院电信主管部门组织建立电话用户开卡数量核验机制和风险信息共享机制，并为用户查询名下电话卡信息提供便捷渠道。

第十一条 电信业务经营者对监测识别的涉诈异常电话卡用

户应当重新进行实名核验,根据风险等级采取有区别的、相应的核验措施。对未按规定核验或者核验未通过的,电信业务经营者可以限制、暂停有关电话卡功能。

第十二条 电信业务经营者建立物联网卡用户风险评估制度,评估未通过的,不得向其销售物联网卡;严格登记物联网卡用户身份信息;采取有效技术措施限定物联网卡开通功能、使用场景和适用设备。

单位用户从电信业务经营者购买物联网卡再将载有物联网卡的设备销售给其他用户的,应当核验和登记用户身份信息,并将销量、存量及用户实名信息传送给号码归属的电信业务经营者。

电信业务经营者对物联网卡的使用建立监测预警机制。对存在异常使用情形的,应当采取暂停服务、重新核验身份和使用场景或者其他合同约定的处置措施。

第十三条 电信业务经营者应当规范真实主叫号码传送和电信线路出租,对改号电话进行封堵拦截和溯源核查。

电信业务经营者应当严格规范国际通信业务出入口局主叫号码传送,真实、准确向用户提示来电号码所属国家或者地区,对网内和网间虚假主叫、不规范主叫进行识别、拦截。

第十四条 任何单位和个人不得非法制造、买卖、提供或者使用下列设备、软件:

(一)电话卡批量插入设备;

(二)具有改变主叫号码、虚拟拨号、互联网电话违规接入公用电信网络等功能的设备、软件;

(三)批量账号、网络地址自动切换系统,批量接收提供短信验证、语音验证的平台;

(四)其他用于实施电信网络诈骗等违法犯罪的设备、软件。

电信业务经营者、互联网服务提供者应当采取技术措施,及时识别、阻断前款规定的非法设备、软件接入网络，并向公安机关和相关行业主管部门报告。

第三章　金融治理

第十五条　银行业金融机构、非银行支付机构为客户开立银行账户、支付账户及提供支付结算服务，和与客户业务关系存续期间，应当建立客户尽职调查制度，依法识别受益所有人，采取相应风险管理措施，防范银行账户、支付账户等被用于电信网络诈骗活动。

第十六条　开立银行账户、支付账户不得超出国家有关规定限制的数量。

对经识别存在异常开户情形的，银行业金融机构、非银行支付机构有权加强核查或者拒绝开户。

中国人民银行、国务院银行业监督管理机构组织有关清算机构建立跨机构开户数量核验机制和风险信息共享机制，并为客户提供查询名下银行账户、支付账户的便捷渠道。银行业金融机构、非银行支付机构应当按照国家有关规定提供开户情况和有关风险信息。相关信息不得用于反电信网络诈骗以外的其他用途。

第十七条　银行业金融机构、非银行支付机构应当建立开立企业账户异常情形的风险防控机制。金融、电信、市场监管、税务等有关部门建立开立企业账户相关信息共享查询系统，提供联网核查服务。

市场主体登记机关应当依法对企业实名登记履行身份信息核验职责；依照规定对登记事项进行监督检查，对可能存在虚假登记、涉诈异常的企业重点监督检查，依法撤销登记的，依照前款的规定及时共享信息；为银行业金融机构、非银行支付机构进行客户尽职调查和依法识别受益所有人提供便利。

第十八条 银行业金融机构、非银行支付机构应当对银行账户、支付账户及支付结算服务加强监测，建立完善符合电信网络诈骗活动特征的异常账户和可疑交易监测机制。

中国人民银行统筹建立跨银行业金融机构、非银行支付机构的反洗钱统一监测系统，会同国务院公安部门完善与电信网络诈骗犯罪资金流转特点相适应的反洗钱可疑交易报告制度。

对监测识别的异常账户和可疑交易，银行业金融机构、非银行支付机构应当根据风险情况，采取核实交易情况、重新核验身份、延迟支付结算、限制或者中止有关业务等必要的防范措施。

银行业金融机构、非银行支付机构依照第一款规定开展异常账户和可疑交易监测时，可以收集异常客户互联网协议地址、网卡地址、支付受理终端信息等必要的交易信息、设备位置信息。上述信息未经客户授权，不得用于反电信网络诈骗以外的其他用途。

第十九条 银行业金融机构、非银行支付机构应当按照国家有关规定，完整、准确传输直接提供商品或者服务的商户名称、收付款客户名称及账号等交易信息，保证交易信息的真实、完整和支付全流程中的一致性。

第二十条 国务院公安部门会同有关部门建立完善电信网络诈骗涉案资金即时查询、紧急止付、快速冻结、及时解冻和资金返还制度，明确有关条件、程序和救济措施。

公安机关依法决定采取上述措施的，银行业金融机构、非银行支付机构应当予以配合。

第四章 互联网治理

第二十一条 电信业务经营者、互联网服务提供者为用户提供下列服务，在与用户签订协议或者确认提供服务时，应当依法要求用户提供真实身份信息，用户不提供真实身份信息的，不得提供服务：

（一）提供互联网接入服务；

（二）提供网络代理等网络地址转换服务；

（三）提供互联网域名注册、服务器托管、空间租用、云服务、内容分发服务；

（四）提供信息、软件发布服务，或者提供即时通讯、网络交易、网络游戏、网络直播发布、广告推广服务。

第二十二条 互联网服务提供者对监测识别的涉诈异常账号应当重新核验，根据国家有关规定采取限制功能、暂停服务等处置措施。

互联网服务提供者应当根据公安机关、电信主管部门要求，对涉案电话卡、涉诈异常电话卡所关联注册的有关互联网账号进行核验，根据风险情况，采取限期改正、限制功能、暂停使用、关闭账号、禁止重新注册等处置措施。

第二十三条 设立移动互联网应用程序应当按照国家有关规定向电信主管部门办理许可或者备案手续。

为应用程序提供封装、分发服务的，应当登记并核验应用程序开发运营者的真实身份信息，核验应用程序的功能、用途。

公安、电信、网信等部门和电信业务经营者、互联网服务提供者应当加强对分发平台以外途径下载传播的涉诈应用程序重点监测、及时处置。

第二十四条 提供域名解析、域名跳转、网址链接转换服务的，应当按照国家有关规定，核验域名注册、解析信息和互联网协议地址的真实性、准确性，规范域名跳转，记录并留存所提供相应服务的日志信息，支持实现对解析、跳转、转换记录的溯源。

第二十五条 任何单位和个人不得为他人实施电信网络诈骗

活动提供下列支持或者帮助：

（一）出售、提供个人信息；

（二）帮助他人通过虚拟货币交易等方式洗钱；

（三）其他为电信网络诈骗活动提供支持或者帮助的行为。

电信业务经营者、互联网服务提供者应当依照国家有关规定，履行合理注意义务，对利用下列业务从事涉诈支持、帮助活动进行监测识别和处置：

（一）提供互联网接入、服务器托管、网络存储、通讯传输、线路出租、域名解析等网络资源服务；

（二）提供信息发布或者搜索、广告推广、引流推广等网络推广服务；

（三）提供应用程序、网站等网络技术、产品的制作、维护服务；

（四）提供支付结算服务。

第二十六条 公安机关办理电信网络诈骗案件依法调取证据的，互联网服务提供者应当及时提供技术支持和协助。

互联网服务提供者依照本法规定对有关涉诈信息、活动进行监测时，发现涉诈违法犯罪线索、风险信息的，应当依照国家有关规定，根据涉诈风险类型、程度情况移送公安、金融、电信、网信等部门。有关部门应当建立完善反馈机制，将相关情况及时告知移送单位。

第五章　综合措施

第二十七条 公安机关应当建立完善打击治理电信网络诈骗工作机制，加强专门队伍和专业技术建设，各警种、各地公安机关应当密切配合，依法有效惩处电信网络诈骗活动。

公安机关接到电信网络诈骗活动的报案或者发现电信网络诈

骗活动，应当依照《中华人民共和国刑事诉讼法》的规定立案侦查。

第二十八条 金融、电信、网信部门依照职责对银行业金融机构、非银行支付机构、电信业务经营者、互联网服务提供者落实本法规定情况进行监督检查。有关监督检查活动应当依法规范开展。

第二十九条 个人信息处理者应当依照《中华人民共和国个人信息保护法》等法律规定，规范个人信息处理，加强个人信息保护，建立个人信息被用于电信网络诈骗的防范机制。

履行个人信息保护职责的部门、单位对可能被电信网络诈骗利用的物流信息、交易信息、贷款信息、医疗信息、婚介信息等实施重点保护。公安机关办理电信网络诈骗案件，应当同时查证犯罪所利用的个人信息来源，依法追究相关人员和单位责任。

第三十条 电信业务经营者、银行业金融机构、非银行支付机构、互联网服务提供者应当对从业人员和用户开展反电信网络诈骗宣传，在有关业务活动中对防范电信网络诈骗作出提示，对本领域新出现的电信网络诈骗手段及时向用户作出提醒，对非法买卖、出租、出借本人有关卡、账户、账号等被用于电信网络诈骗的法律责任作出警示。

新闻、广播、电视、文化、互联网信息服务等单位，应当面向社会有针对性地开展反电信网络诈骗宣传教育。

任何单位和个人有权举报电信网络诈骗活动，有关部门应当依法及时处理，对提供有效信息的举报人依照规定给予奖励和保护。

第三十一条 任何单位和个人不得非法买卖、出租、出借电话卡、物联网卡、电信线路、短信端口、银行账户、支付账户、互联网账号等，不得提供实名核验帮助；不得假冒他人身份或者虚构代理关系开立上述卡、账户、账号等。

对经设区的市级以上公安机关认定的实施前款行为的单位、个人和相关组织者，以及因从事电信网络诈骗活动或者关联犯罪受过刑事处罚的人员，可以按照国家有关规定记入信用记录，采取限制其有关卡、账户、账号等功能和停止非柜面业务、暂停新业务、限制入网等措施。对上述认定和措施有异议的，可以提出申诉，有关部门应当建立健全申诉渠道、信用修复和救济制度。具体办法由国务院公安部门会同有关主管部门规定。

第三十二条 国家支持电信业务经营者、银行业金融机构、非银行支付机构、互联网服务提供者研究开发有关电信网络诈骗反制技术，用于监测识别、动态封堵和处置涉诈异常信息、活动。

国务院公安部门、金融管理部门、电信主管部门和国家网信部门等应当统筹负责本行业领域反制技术措施建设，推进涉电信网络诈骗样本信息数据共享，加强涉诈用户信息交叉核验，建立有关涉诈异常信息、活动的监测识别、动态封堵和处置机制。

依据本法第十一条、第十二条、第十八条、第二十二条和前款规定，对涉诈异常情形采取限制、暂停服务等处置措施的，应当告知处置原因、救济渠道及需要提交的资料等事项，被处置对象可以向作出决定或者采取措施的部门、单位提出申诉。作出决定的部门、单位应当建立完善申诉渠道，及时受理申诉并核查，核查通过的，应当即时解除有关措施。

第三十三条 国家推进网络身份认证公共服务建设，支持个人、企业自愿使用，电信业务经营者、银行业金融机构、非银行支付机构、互联网服务提供者对存在涉诈异常的电话卡、银行账户、支付账户、互联网账号，可以通过国家网络身份认证公共服务对用户身份重新进行核验。

第三十四条 公安机关应当会同金融、电信、网信部门组织银行业金融机构、非银行支付机构、电信业务经营者、互联网服务提供者等建立预警劝阻系统,对预警发现的潜在被害人,根据情况及时采取相应劝阻措施。对电信网络诈骗案件应当加强追赃挽损,完善涉案资金处置制度,及时返还被害人的合法财产。对遭受重大生活困难的被害人,符合国家有关救助条件的,有关方面依照规定给予救助。

第三十五条 经国务院反电信网络诈骗工作机制决定或者批准,公安、金融、电信等部门对电信网络诈骗活动严重的特定地区,可以依照国家有关规定采取必要的临时风险防范措施。

第三十六条 对前往电信网络诈骗活动严重地区的人员,出境活动存在重大涉电信网络诈骗活动嫌疑的,移民管理机构可以决定不准其出境。

因从事电信网络诈骗活动受过刑事处罚的人员,设区的市级以上公安机关可以根据犯罪情况和预防再犯罪的需要,决定自处罚完毕之日起六个月至三年以内不准其出境,并通知移民管理机构执行。

第三十七条 国务院公安部门等会同外交部门加强国际执法司法合作,与有关国家、地区、国际组织建立有效合作机制,通过开展国际警务合作等方式,提升在信息交流、调查取证、侦查抓捕、追赃挽损等方面的合作水平,有效打击遏制跨境电信网络诈骗活动。

第六章 法律责任

第三十八条 组织、策划、实施、参与电信网络诈骗活动或者为电信网络诈骗活动提供帮助,构成犯罪的,依法追究刑事责任。

前款行为尚不构成犯罪的,由公安机关处十日以上十五日以下拘留;没收违法所得,处违法所得一倍以上十倍以下罚款,没有违法所得或者违法所得不足一万元的，处十万元以下罚款。

第三十九条 电信业务经营者违反本法规定，有下列情形之一的，由有关主管部门责令改正，情节较轻的，给予警告、通报批评，或者处五万元以上五十万元以下罚款；情节严重的，处五十万元以上五百万元以下罚款，并可以由有关主管部门责令暂停相关业务、停业整顿、吊销相关业务许可证或者吊销营业执照，对其直接负责的主管人员和其他直接责任人员，处一万元以上二十万元以下罚款：

（一）未落实国家有关规定确定的反电信网络诈骗内部控制机制的；

（二）未履行电话卡、物联网卡实名制登记职责的；

（三）未履行对电话卡、物联网卡的监测识别、监测预警和相关处置职责的；

（四）未对物联网卡用户进行风险评估，或者未限定物联网卡的开通功能、使用场景和适用设备的；

（五）未采取措施对改号电话、虚假主叫或者具有相应功能的非法设备进行监测处置的。

第四十条 银行业金融机构、非银行支付机构违反本法规定，有下列情形之一的，由有关主管部门责令改正，情节较轻的，给予警告、通报批评，或者处五万元以上五十万元以下罚款；情节严重的，处五十万元以上五百万元以下罚款，并可以由有关主管部门责令停止新增业务、缩减业务类型或者业务范围、暂停相关业务、停业整顿、吊销相关业务许可证或者吊销营业执照，对其直接负责的主管人员和其他直接责任人员，处一万元以上二十万元以下罚款：

（一）未落实国家有关规定确定的反电信网络诈骗内部控制机制的；

（二）未履行尽职调查义务和有关风险管理措施的；

（三）未履行对异常账户、可疑交易的风险监测和相关处置义务的；

（四）未按照规定完整、准确传输有关交易信息的。

第四十一条 电信业务经营者、互联网服务提供者违反本法规定，有下列情形之一的，由有关主管部门责令改正，情节较轻的，给予警告、通报批评，或者处五万元以上五十万元以下罚款；情节严重的，处五十万元以上五百万元以下罚款，并可以由有关主管部门责令暂停相关业务、停业整顿、关闭网站或者应用程序、吊销相关业务许可证或者吊销营业执照，对其直接负责的主管人员和其他直接责任人员，处一万元以上二十万元以下罚款：

（一）未落实国家有关规定确定的反电信网络诈骗内部控制机制的；

（二）未履行网络服务实名制职责，或者未对涉案、涉诈电话卡关联注册互联网账号进行核验的；

（三）未按照国家有关规定，核验域名注册、解析信息和互联网协议地址的真实性、准确性，规范域名跳转，或者记录并留存所提供相应服务的日志信息的；

（四）未登记核验移动互联网应用程序开发运营者的真实身份信息或者未核验应用程序的功能、用途，为其提供应用程序封装、分发服务的；

（五）未履行对涉诈互联网账号和应用程序，以及其他电信网络诈骗信息、活动的监测识别和处置义务的；

（六）拒不依法为查处电信网络诈骗犯罪提供技术支持和协助，或者未按规定移送有关违法犯罪线索、风险信息的。

第四十二条 违反本法第十四条、第二十五条第一款规定的，没收违法所得，由公安机关或者有关主管部门处违法所得一倍以上十倍以下罚款,没有违法所得或者违法所得不足五万元的,处五十万元以下罚款;情节严重的,由公安机关并处十五日以下拘留。

第四十三条 违反本法第二十五条第二款规定,由有关主管部门责令改正,情节较轻的,给予警告、通报批评,或者处五万元以上五十万元以下罚款;情节严重的,处五十万元以上五百万元以下罚款,并可以由有关主管部门责令暂停相关业务、停业整顿、关闭网站或者应用程序,对其直接负责的主管人员和其他直接责任人员,处一万元以上二十万元以下罚款。

第四十四条 违反本法第三十一条第一款规定的,没收违法所得,由公安机关处违法所得一倍以上十倍以下罚款,没有违法所得或者违法所得不足二万元的,处二十万元以下罚款;情节严重的,并处十五日以下拘留。

第四十五条 反电信网络诈骗工作有关部门、单位的工作人员滥用职权、玩忽职守、徇私舞弊,或者有其他违反本法规定行为,构成犯罪的,依法追究刑事责任。

第四十六条 组织、策划、实施、参与电信网络诈骗活动或者为电信网络诈骗活动提供相关帮助的违法犯罪人员,除依法承担刑事责任、行政责任以外,造成他人损害的,依照《中华人民共和国民法典》等法律的规定承担民事责任。

电信业务经营者、银行业金融机构、非银行支付机构、互联网服务提供者等违反本法规定,造成他人损害的,依照《中华人民共和国民法典》等法律的规定承担民事责任。

第四十七条 人民检察院在履行反电信网络诈骗职责中,对于侵害国家利益和社会公共利益的行为,可以依法向人民法院提起公益诉讼。

第四十八条 有关单位和个人对依照本法作出的行政处罚和行政强制措施决定不服的,可以依法申请行政复议或者提起行政诉讼。

第七章 附 则

第四十九条 反电信网络诈骗工作涉及的有关管理和责任制度,本法没有规定的,适用《中华人民共和国网络安全法》、《中华人民共和国个人信息保护法》、《中华人民共和国反洗钱法》等相关法律规定。

第五十条 本法自 2022 年 12 月 1 日起施行。

14. 关于防范 NFT 相关金融风险的倡议

中国互联网金融协会　中国银行业协会
中国证券业协会关于防范 NFT 相关金融风险的倡议

(2022 年 4 月 13 日)

近年来,我国 NFT(Non-Fungible Token,非同质化通证)市场持续升温。NFT 作为一项区块链技术创新应用,在丰富数字经济模式、促进文创产业发展等方面显现出一定的潜在价值,但同时也存在炒作、洗钱、非法金融活动等风险隐患。为防范金融风险、保护消费者合法权益、维护行业健康生态,中国互联网金融协会、中国银行业协会、中国证券业协会联合呼吁会员单位共同发起以下倡议:

一、坚持守正创新,赋能实体经济

践行科技向善理念,合理选择应用场景,规范应用区块链技术,发挥 NFT 在推动产业数字化、数字产业化方面的正面作用。确保 NFT 产品的价值有充分支撑,引导消费者理性消费,防止价格虚高背离基本的价值规律。保护底层商品的知识产权,支持正版数字文创作品。真实、准确、完整披露 NFT 产品信息,保障消费者的知情权、选择权、公平交易权。

二、坚守行为底线，防范金融风险

坚决遏制 NFT 金融化证券化倾向，从严防范非法金融活动风险，自觉遵守以下行为规范。

一是不在 NFT 底层商品中包含证券、保险、信贷、贵金属等金融资产，变相发行交易金融产品。

二是不通过分割所有权或者批量创设等方式削弱 NFT 非同质化特征，变相开展代币发行融资（ICO）。

三是不为 NFT 交易提供集中交易（集中竞价、电子撮合、匿名交易、做市商等）、持续挂牌交易、标准化合约交易等服务，变相违规设立交易场所。

四是不以比特币、以太币、泰达币等虚拟货币作为 NFT 发行交易的计价和结算工具。

五是对发行、售卖、购买主体进行实名认证，妥善保存客户身份资料和发行交易记录，积极配合反洗钱工作。

六是不直接或间接投资 NFT，不为投资 NFT 提供融资支持。

同时，我们郑重呼吁广大消费者树立正确的消费理念，增强自我保护意识，自觉抵制 NFT 投机炒作行为，警惕和远离 NFT 相关非法金融活动，切实维护自身财产安全。如发现相关违法违规活动，应及时向有关部门举报。

15. 关于防范以"元宇宙"名义进行非法集资的风险提示

处置非法集资部际联席会议办公室
关于防范以"元宇宙"名义进行非法集资的风险提示
（2022 年 2 月 18 日）

近期，一些不法分子蹭热点，以"元宇宙投资项目""元宇宙链游"等名目吸收资金，涉嫌非法集资、诈骗等违法犯罪活动，

现将有关手法及风险提示如下:

一、编造虚假元宇宙投资项目。有的不法分子翻炒与元宇宙相关的游戏制作、人工智能、虚拟现实等概念,编造包装名目众多的高科技投资项目,公开虚假宣传高额收益,借机吸收公众资金,具有非法集资、诈骗等违法行为特征。

二、打着元宇宙区块链游戏旗号诈骗。有的不法分子捆绑"元宇宙"概念,宣称"边玩游戏边赚钱""投资周期短、收益高",诱骗参与者通过兑换虚拟币、购买游戏装备等方式投资。此类游戏具有较强迷惑性,存在卷款跑路等风险。

三、恶意炒作元宇宙房地产圈钱。有的不法分子利用元宇宙热点概念渲染虚拟房地产价格上涨预期,人为营造抢购假象,引诱进场囤积买卖,须警惕此类投机炒作风险。

四、变相从事元宇宙虚拟币非法谋利。有的不法分子号称所发虚拟币为未来"元宇宙通行货币",诱导公众购买投资。此类"虚拟货币"往往是不法分子自发的空气币,主要通过操纵价格、设置提现门槛等幕后手段非法获利。

上述活动打着"元宇宙"旗号,具有较大诱惑力、较强欺骗性,参与者易遭受财产损失。请社会公众增强风险防范意识和识别能力,谨防上当受骗,如发现涉嫌违法犯罪线索,请积极向当地有关部门举报。

附录 2

术语表

Hash：哈希算法，任意长度的二进制值映射为较短的固定长度的二进制值的算法。

图灵完备：指一个机器或装置能用来模拟图灵机（现代通用计算机的雏形）的功能，图灵完备的机器在可计算性上等价。

地址：比特币地址（如 1DSrfJdB2AnWaFNgSbv3MZC2m74996JafV）由一串字符和数字组成。它其实是通过对 160 位二进制公钥哈希值进行 base58check 编码后的信息。就像别人向你的 email 地址发送电子邮件一样，他可以通过你的比特币地址向你发送比特币。

比特币："比特币"既可以指这种虚拟货币单位，也指比特币网络或者网络节点使用的比特币软件。

区块：一个区块就是若干交易数据的集合，它会被标记上时间戳和之前一个区块的独特标记。区块头经过哈希运算后会生成一份工作量证明，从而验证区块中的交易。有效的区块经过全网络的共识后会被追加到主区块链中。

区块链：区块链是一串通过验证的区块，当中的每一个区块都与上一个相连，一直连到创世区块。

拜占庭将军问题：一个可靠的计算机系统必须能够处理一个

或多个组件产生的失败。一个失败的组件可能表现出通常被忽略的行为类型，即发送矛盾的信息到系统的不同部分。处理这类失败类型的问题抽象地被表达为拜占庭将军问题。

确认：当一项交易被区块收录时，我们可以说它有一次确认。矿工们在此区块之后每再产生一个区块，此项交易的确认数就再加一。当确认数达到 6 及以上时，通常认为这笔交易比较安全并难以逆转。

共识：当网络中的许多节点，通常是大部分节点，在其本地验证的最长区块链中都具有相同的区块时，称为共识。不要与共识规则混淆。

共识规则：全节点与其他节点保持共识的区块验证规则。不要与共识混淆。

难度：整个网络会通过调整"难度"这个变量来控制生成工作量证明所需要的计算力。

难度重定：全网中每新增 2016 个区块，全网难度将重新计算，该新难度值将依据前 2016 个区块的哈希算力而定。

难度目标：使整个网络的计算力大致每 10 分钟产生一个区块所需要的难度数值即为难度目标。

双重支付：双重支付是成功支付了 1 次以上的情况。比特币通过对添加到区块中的每笔交易进行验证来防止双重支付，确保交易的输入没有被支付过。

ECDSA：椭圆曲线数字签名算法（ECDSA）是比特币使用的加密算法，以确保资金只能被其正确拥有者花费。

矿工费：交易的发起者通常会向网络缴纳一笔矿工费，用以处理这笔交易。大多数的交易需要 0.5 毫比特币的矿工费。

分叉：分叉也被称为意外分叉，是在两个或多个区块拥有同一区块高度时发生的，此时使区块链产生了分叉。典型情况是两个或多个区块矿工几乎在同一时刻发现了区块。共识攻击的情况下也会出现分叉。

硬件钱包：硬件钱包是一种特殊的比特币钱包，硬件钱包可以将用户的私钥存储在安全的硬件设备中。

哈希锁：哈希锁是限制一个输出花费的限制对象，其作用一直持续到指定数据片段公开透露。哈希锁有一个有用的属性，那就是一旦任意一个哈希锁被公开打开，任何其他使用相同密钥保护的哈希锁也可以被打开。这使得可能创建多个被同一哈希锁限制的输出，这些输出将在同一时间被花费。

KYC：充分了解你的客户（KYC，Know yourcustomer）是一个商业过程，用于认证和验证顾客的身份信息。也指银行对这些活动的监管。

锁定时间：锁定时间（技术上来说是 nLockTime）是交易的一部分，其表明该交易被添加至区块链中的最早时间或区块。

默克尔树根：默克尔树的根是树的根节点，该节点为树中所有节点对的多次哈希计算结果。区块头必须包括区块中所有交易哈希计算得到的有效默克尔根。

默克尔树：生成一棵完整的 Merkle 树需要递归地对哈希节点对进行哈希，并将新生成的哈希节点插入 Merkle 树中，直到只剩一个哈希节点，该节点就是 Merkle 树的根。在比特币中，叶子节点来自单个区块中的交易。

矿工：一个为新区块通过重复哈希计算来寻找有效工作量证明的网络节点。

挖矿：通过暴力尝试来找到一个字符串，使得它加上一组交易信息后的 hash 值符合特定规则（如前缀包括若干个 0），找到的人可以宣称新区块被发现，并获得系统奖励的比特币。

多重签名：多重签名指的是需要多于一个密钥来验证一个比

特币交易。

网络：传播交易和区块至网络中每个比特币节点的点对点网络。

随机数：随机数是比特币区块中一个32位（4字节）的字段，在设定了该值后，才能计算区块的哈希值，其哈希值是以多个0开头的。区块中的其他字段值是不变的，因为他们有确定的含义。

中本聪：中本聪有可能是一个人或一群人的名字。中本聪是比特币的设计者，同时也创建了比特币的最初实现，比特币核心。作为实现的一部分，他们还发明了第一个区块链数据库。在这个过程中，他们是第一个为数字货币解决了双花问题的人或组织。但他们的真实身份仍然未知。

脚本：比特币使用脚本系统来处理交易。脚本有着类Forth语言、简单、基于堆栈以及从左向右处理的特点。脚本故意限定为非图灵完备的，没有循环计算功能。

秘钥（私钥）：用来解锁对应（钱包）地址的一串字符，例如5J76sF8L5jTtzE96r66Sf8cka9y44wdpJjMwCxR3tzLh3ibVPxh+。

隔离见证：隔离见证是比特币协议的一个升级建议，该建议技术创新性地将签名数据从比特币交易中分离出来。隔离见证是一个推荐的软分叉方案；该变化将从技术上使得比特币协议规则更严谨。

时间锁：时间锁是一种阻碍类型，用于严格控制一些比特币只能在将来某个特定时间和区块才能被支出。时间锁在很多比特币合约中起到了显著的作用，包括支付通道和哈希时间锁合约。

交易：简单地说，交易指把比特币从一个地址转到另一个地址。更准确地说，一笔"交易"指一个经过签名运算的，表达价值转移的数据结构。每一笔"交易"都经过比特币网络传输，由矿工节点收集并打包至区块中，永久保存在区块链某处。

UTXO（未花费交易输出）：UTXO 是未花费交易输出，UTXO 可以作为新交易的输入。

钱包：钱包指保存比特币地址和私钥的软件，可以用它来接受、发送、储存比特币。